감정심리학

이훈구 저

INNER BOOKS 이너북스

머리말

　심리학은 과학이고, 또 우리 생활과 밀접한 관계가 있어서 미국을 비롯한 서구에서는 심리학이 일반 대중 사이에 오래전부터 일상적인 학문으로 자리매김해 왔다. 우리도 좀 늦은 감은 있지만 대중들이 읽기에 알맞은 심리학 서적들이 최근 많이 출판되고 있다.

　그러나 국내에 소개되었던 대부분의 대중 심리학 서적은 행동주의 심리학, 인지심리학을 다룬 것으로, 쉽게 말하면 사람을 컴퓨터로 간주하고 그 컴퓨터가 어떻게 작동하는가를 연구하는 것에 초점이 맞추어진 심리학이다. 파블로프, 스키너, 반두라, 치알디니, 페스팅거 등의 책이 많이 소개되었는데, 이들도 모두 행동주의 심리학자이거나 인지심리학자다. 하지만 사람은 컴퓨터가 아니라 감정을 가지고 있는 동물이다. 그래서 최근 감정·정서 심리학이 심리학에서 새롭게 각광을 받고 있다.

　사람이 감정의 동물이라는 것은 일찍부터 모든 사람들이 인식하고 있던 사실이나 그간 심리학을 너무 과학적으로 연구하려다 보니 정말 중요한 인간의 감정은 도외시되어 왔다. 감정을 연구하는 새로운 방법이 발달함에 따라, 그리고 이제 더 이상 인간을 기계로 간주하는 것은 문제가 있다는 자명한 사실을 인식함에 따라 1980년대를 기점으로 감정심리학이 심리학계에 등장하였다.

감정심리학은 비단 학문적인 차원에서뿐만 아니라 감정 응용 차원까지 연구해 많은 사람들을 열광시켰다. 그중 하나가 바로 골먼이 주장한 정서지능, 정서적 리더십이다. 최근에는 감성공학 분야가 개척되어 감정과 감성을 제품 생산 및 마케팅에 접목시키고 있다.

심리학에 관심이 있는 사람이라면 이 책을 꼭 읽어 보아야 할 것이다. 독자들이 지금까지 읽어 온 심리학은 반쪽짜리 심리학, 즉 감정을 외면한 심리학이었기 때문이다. 각각 다른 환경의 다양한 사람들, 특히 자신의 정서 문제로 고민하는 사람들은 이 책을 통해 도움을 받을 수 있을 것이다.

저자 이훈구

차 례

감정이라는 야누스

우리는 감정을 잘 활용할 줄 알아야 한다. 인간이 가진 감정은 분노, 연민, 기쁨, 질투, 우울, 죄책감, 희열 등 수없이 많다. 우리는 늘 이런 감정과 함께 살아가야만 한다. 우리는 인생을 어떻게 살아야 하는지에 관한 지식을 집과 학교에서, 책을 통해서 끊임없이 배운다. 그러나 여러 가지 중요한 감정과 어떻게 어울리며 살아야 할지에 관해서는 아무도 가르쳐 주지 않는다. 감정을 잘 이해하고 이를 활용할 수 있는 사람은 그렇지 못한 사람보다 더 성공하고 출세한다. 다음의 세 가지 사례를 통해 감정이 우리에게 어떤 영향을 미치는지 알아보자.

2000년 5월 21일 새벽, A군은 망치를 들고 어머니가 주무시는 방에 살며시 들어섰다. 그리고 머리라고 생각되는 부분을 망치로 한 번 내려쳤다. 어머니는 끽 소리 한 번 내뱉지 못하고 숨을 거두었다. 이어 그는 아버지 방으로 향했다. 그러나 차마 용기가 나지 않았다. 무서움에 온몸이 떨리고 심장은 터질 것만 같았다. 방문턱을 넘어갔다 되돌아오기를 서너 차례, 먼동이 어렴풋이 터 오기 시작했다. 더 이상 주저할 시간이 없었다. 아버지를 살려 두면 자신의 범죄가 탄로 날 것이고 그러면 아버지로부터 매를 맞아 죽을 판이다. 다시 한 번 마음을 독하게 먹고 방문턱을 넘었다. 곤히 자고 있는 아버지의 뒤통수를 망치로 내려쳤다. 아버지는 어머니와 달리 망치 한 방으로 끝나지 않았다. 숨을 거칠게 몰아쉴 뿐 숨이 끊어지지 않았다. 그는 떨리는 가슴을 진정하고 몇 차례 아버지의 뒤통수를 망치로 내려쳤다. 꿍 소리를 내며 아버지도 마침내 숨을 거두었다.

이 사건은 한국 범죄사상 초유의 양 부모 살해 사건이다. 그간 한국 사회에서 부모를 죽이는 존속살해가 없었던 것은 아니나 양 부모를 살해한 것은 A군이 처음이었다. 대부분의 존속살해 사건은 몰상식하고 파렴치한 자식이 범인이다. 정신이상자이거나 노름과 마약에 찌든 자식이 부모의 재산을 노려 살해하기도 했다. 그러나 A군은 서울의 명문 사립대 전자공학과에 재학 중인 학생이었다. 지능지수도 굉장히 높아 수재에 가까웠다. 그가 운영하는 영화 평론 카페를 방문하여 그가 쓴 영화 평론을 읽어 보면 그가 전문가적인 지식 수준을 가지고 있음을 알 수 있다.

그의 부모도 엘리트였다. 아버지는 해군사관학교를 졸업하고 베트남전쟁에 참전하여 무공훈장을 2개나 받은 한때 잘 나가던 군인이었고, 어머니 역시 서울의 여자 사립대 정치외교학과 출신이었다. 집안도 잘살아 경제적으로 풍족했다. 그럼 왜 이렇게 유복한 가정에서 성장한 A군이 무참히 부모를, 그것도 부모 중 한 사람이 아닌 두 사람 모두를 살해했는가? 그는 정신병자였는가? 절대로 아니었다. 그가 체포된 후 다양한 분야의 범죄 전문가들이 그를 면담하고 정신상태를 분석했다. 법의학자, 심리학자, 정신과 의사들은 한결같이 그가 정상이라고 이야기했다.

저자는 교도소로 A군을 방문하고 그가 쓴 수십 권의 일기를 분석하여 범행의 원인을 분석했다(이훈구, 2002). A군이 부모를 살해한 직접적인 동기는 일주일 전에 벌어졌던 부모와의 큰 언쟁이었다. 형이 집을 얻어 이사 간 날, 이삿짐 옮기는 것을 도와주고 집으로 돌아온 A군에게 어머니가 이사는 잘 끝났느냐고 물었다. 그러나 아들은 묵묵부답이었다. 사실 그는 심기가 불편해 있었다. 그 이유는 평소 부모가 형을 못마땅하게 생각하고 내버린 자식이라고 말했는데 어쩐 일인지 부모가 형에게 집을 사 주었기 때문이다. 그것도 은행에서 A군의 이름으로 대출을 받아 집을 사 주어 형의 출가를 공식적으로 받아들이고 있어서 기분이 언짢았다. 그런 A군에게 어머니가 채

근을 하자 짜증이 났던 것이다. A군은 드디어 감정이 폭발해서 어머니에게 항의했다. "어머니는 왜 형만 생각하고 나에게는 무관심해요? 너무 섭섭합니다." 평소 딸같이 순한 아들로부터 아닌 밤에 홍두깨 격으로 급습을 당한 어머니는 당황했다. "너 무슨 말을 그렇게 하니? 너를 언제 무관심하게 대했단 말이냐?" 어머니는 언성을 높여 질책했다. 그랬더니 A군은 이내 속사포처럼 평소 어머니가 자신을 심하게 대했던 일을 조목조목 읊었다. 어머니가 모의고사 때 밤 새워 공부하지 않았다고 자신을 크게 나무란 것, 대답을 하지 않는다고 밥상에서 젓가락을 던져 유리창을 깨뜨린 것, 말을 안 듣는다고 두 형제를 발가벗겨 베란다에 벌을 서게 한 것 등의 일이었다. 흥분한 어머니는 분을 참지 못했고 남편이 돌아오자 자식이 애물단지라고 하소연했다.

아버지는 다음 날 A군을 불러 놓고 크게 야단쳤다. "설사 어머니가 너에게 심하게 대했다 하더라도 이제 와서 남자가 소심하게 그런 일로 반항을 하는 이유가 무엇이냐? 왜 매일 방에만 틀어박혀 있냐? 나가서 친구도 사귀고 좀 사내답게 행동해라." A군은 아버지로부터 꾸중을 들은 후 방문을 걸어 잠그고 두문불출했다. 그 후 일주일간 부모와 A군 사이에는 냉전이 지속되었다. 겸연쩍어하며 서로 얼굴을 마주치지 않도록 조심했다. 부모가 아침을 먹고 외출하면 그제서야 A군은 방에서 나와 세수를 하고 아침을 챙겼다. 부모가 귀가하면 그는 다시 자기 방으로 들어가 버렸다. 깡통을 방에 들여놓고 소변도 방에서 해결했다. 이렇게 하기를 일주일, A군은 답답하고 구석에 몰린 기분이었다. 그러다 어느 날 화장실에서 나오면서 찬장에 있는 위스키를 발견했다. 위스키를 몇 모금 마신 후 그는 책상 밑에 있던 망치를 집어 들었다.

그는 부모의 시신을 토막 내어 분당의 공원, 지하철 쓰레기통에 버렸다. 경찰은 분당의 환경미화원이 수거한 시신의 손가락에서 지문을 채취하여 피해자의 신원을 탐지했고, A군을 체포하여 그로부터 자백을 얻어 냈다. A군은 뜨거운 참회의 눈물을 흘리며 부모, 특히 어머니에 대한 안타까움을 호소했다. 그는 "어머니! 어머니가 저에게 하신 여러 가지 고까운 행동을 제가 말씀드렸을 때 '얘야 미안하다'고 한 말씀만 하시지 그랬어요? 그랬으면 저는 어머니를 이해하고 이런 일을 저지르지 않았을 텐데요." 하고 흐느꼈다. 그러나 이미 엎질러진 물이었다. 어머니와 생전 처음으로 한 단 한 번의 언쟁 때문에 그는 다시는 돌아올 수 없는 루비콘 강을 건너고야 말았다. 명문 대학교에 재학 중인 그의 장래는 하루아침에 산산조각이 났고 그의 일생은 감옥에서 끝날 판이다. 다행히 그는 재판에서 부모의 아동학대를 인정받아 무기형에 처해졌고 지금 복역 중이다. 한국에서 존속살해는 가중 처벌된다. 하지만 한 사람도 아닌 두 부모 모두를, 그것도 잔인하게 토막 살해한 A군이 사형을 면할 수 있었던 것은 이 사건이 우리에게 주는 교훈이 너무 컸기 때문이다.

　A군이 부모를 살해한 원인은 분노다. 분노는 우리가 흔히 가지는 감정으로, 남이 우리를 모욕하거나 일을 방해할 때 치밀어 오르는 감정이다. 그러나 분노가 생긴다고 해서 누구나가 사람을, 더군다나 자기를 낳아 준 부모를 살해하지는 않는다. A군은 분노를 다루는 능력이 부족했다. 그가 비록 IQ 123이라는 높은 지능을 가졌어도 그의 감정적 지능은 수준 이하였다. 어머니와 대화가 잘 안 되어 화가 났었다면 밖에 나가 친구를 만나거나 영화를 보면서 마음을 누그러뜨려야 했다. 그리고 마음을 가라앉힌 후 어머니와 대화를 시도했어야만 했다.

　그의 부모에게도 문제가 있었다. 아무리 자식이라도 A군도 감정을 가진 동물이다. 거기다 다 큰 자식이 거세게 나오면 부모라 하더라도 일단 격한 감정을 누그러뜨려야 한다. 그리고 자식이 부모에게 고까운 감정을 가졌다면 왜 그렇게 되었는지를 한 번쯤 물어야 했다. 그래서 자신에게도 일부 책임이 있었다고 판단되면 자식 앞에서라도 "얘야, 미안하다. 그때 내가 잘못 생각했다."라고 말할 수 있어야 한다. 즉, A군의 부모는 자식과 대화하는 방법이 미숙했다. 자신의 격한 감정을 토로했을 뿐 이 감정을 이성적으로 통제하여 자식과 대화하지 못했다.

　A군과 그의 부모 모두는 지능지수가 높은 한국의 인재들이었다.

그러나 이들은 정서지능지수가 낮았다. 즉, 자신의 감정을 이해하고 통제하며 타인의 감정을 읽는 능력이 부족했던 것이다. 특히 타인과 의사소통을 하는 방법을 잘 몰랐다. 감정지능을 연구한 골먼은 감정지능은 정서지능보다 더 중요한데, 그 이유는 자신과 타인의 감정을 잘 이해함으로써 인간관계를 잘 맺을 수 있기 때문이라고 했다 (Goleman, 1995). 우리 주위에는 머리는 좋은데 눈치가 없어 상사와 동료로부터 미움을 사는 사람이 흔하다. 그런 사람은 인간관계능력이 부족하고 지도력이 없기 때문에 출세하기가 어렵다. 감정을 이해하는 능력은 인간사회에서 필수적인데, 특히 출세하고 성공하는 데 없어서는 안 될 능력이다.

A군은 분노라는 감정 때문에 자신의 일생을 망쳤다. 그러나 감정을 잘 이용해 대권을 잡은 사람도 있다. 그가 누구인가? 바로 지금은 고인(故人)이 된 노무현 대통령이다. 2002년 대선 말까지 노무현 후보는 이회창 후보에게 계속 밀리고 있었다. 여론 조사를 살펴보면, 노무현 후보는 4년 10개월 동안 계속 이회창 후보에게 밀리고 있었다. 그의 인지도는 낮았으나 경쟁 상대였던 이회창 후보는 감사원장과 총리직을 거쳤으며 대쪽 총리 이미지로 국민의 호감을 얻었던 터였다.

반면, 노무현 후보는 전두환 대통령의 국회 청문회 때 날카로운 질문을 해 국민에게 처음으로 알려진 정치 신인이었다. 그는 대학교도 나오지 못했고 높은 공직에 있지도 못했다. 그래서 온갖 어려움을 이겨 내고 열린우리당 대통령 후보가 되었을 때도 그가 이회창 후보를 이길 것이라고 생각하는 사람은 아무도 없었다. 노무현 후보는 계속 고전을 면치 못했다. 그래서 노무현 후보 선거 캠프에서는 어떻게 해서든지 국민의 관심을 노무현에게 집중시키려고 묘안을 짜내느라 고심했다. 그리고 노무현 후보에게 유권자들이 표를 몰아주기를 애타게 기다리고 있었다. 그런데 설상가상(雪上加霜)으로 큰 사고가 터졌다. 선거 전날에 정몽준 의원이 노무현과 협력하기로 한 약속을 깬 것이다. 그는 노무현과의 불협화음 때문에 노무현 후보 지지를 철회한다고 폭탄선언을 했다. 정몽준 의원이 도와줘도 승산이 희박한 노무현 후보에게 이 일은 치명타였다. 그래서 노무현 후보는 꼭두새벽에 정몽준 의원 집에 찾아가 도와달라고 애걸했다. 그러나 정몽준 의원은 그를 문전박대하여 면담조차 거절했다. 거절당한 노 후보는 크게 낙심했다. 그다음 날 아침 울상이 된 노무현 후보의 사진이 온 대중매체에 특종으로 실렸다.

애초부터 노무현 후보 선거 캠프에서는 동정심을 유발하기 위한 선거 전략을 기획했다. 그래서 노무현의 어려웠던 시절을 부각시켰다. 집안이 가난해 대학교도 진학하지 못하고 상고를 졸업하여 꿈을 접었던 일, 고등고시를 위해 악전고투한 점 등에 초점을 맞추었다. 그리고 서민층에게 호소하기 위한 전략을 구사했다. 부산 자갈치 시장의 아주머니가 노무현 후보를 지지하는 장면을 TV 광고에 내보냈다. 그가 저소득층의 아픈 가슴을 가장 잘 대변하는 후보라는 것을 강조하기 위해서였다(이훈구, 2004).

그러나 정몽준 사건이 일어나기 전까지 노무현 후보의 선거 전략은 일부 저소득층에게만 효과가 있었을 뿐 다른 계층의 유권자에게는 마이동풍(馬耳東風)이었다. 그런 와중에 정몽준 의원 사건이 발생한 것이다. 대통령 선거일 아침 정몽준 의원 집 앞에서 망연자실(茫然自失)해하는 노무현 후보의 표정이 신문 일면을 크게 채웠다. 이미 노 후보의 선거 캠프는 그가 과거 어려웠던 시절을 회상하면서 눈물을 흘리는 장면을 TV 광고로 대대적으로 내보내던 터였다. 유권자들은 어렵게 선거전을 치르고 있는 노무현 후보에게 최대의 시련이 다가온 것을 보고 안타깝게 생각했다. 노무현 후보가 불쌍하다는 여론이 유권자들 사이에 널리 퍼져 나가기 시작했다. 노무현 후보를 향한 이러한 관심은 선거 당일 막판까지 그의 지지자를 늘리는 데 큰 공헌을 했다. 노무현 후보가 이회창 후보를 앞지른 것이다. 결국 노무현 후보는 선거 역사상 최소의 표차, 50만 표 차이로 이회창 후보를 누르고 대통령에 당선되었다.

2002년 대선에서 노무현 후보가 이회창 후보를 누른 것은 그의 탁월한 식견, 전문적 능력, 선거자금 때문이 아니었다. 이 점에서 이회창 후보와의 경쟁은 백전백패(百戰百敗)였다. 그러나 유권자에게 불어닥친 측은지심(惻隱之心), 즉 동정심이 노무현 후보를 살린 것이다. 우리는 약한 자를 불쌍히 여기고 도와야 한다는 본능을 갖고 있다.

이렇게 감정은 사람을 죽이기도 하고 살리기도 한다. A군의 경우는 부모를 죽이고 결국 자기 자신도 망가뜨린 사례다. 반면, 노무현 대통령의 경우는 동정심 덕분에 대권을 거머쥘 수 있었다.

한편, 감정 전략은 기업체에서 상품의 제조와 판매에도 이용된다. 산업심리학에 '감성공학'이라는 분야가 있는데, 바로 인간의 감정을 분석해 이를 제품의 제조 및 광고에 이용하는 학문 분야다. 자동차가 무조건 튼튼하게 만들어졌다고 해서 잘 팔리는 것이 아니다. 부유층에게는 차의 품위가 더 중요하다. 고급차라는 느낌을 주려면 어떤 식으로 차를 제작해야 하는가? 이는 감성심리학자에게 자문해야 한다.

감성 전략은 젊은이에게도 쉽게 다가갈 수 있다. 젊은이들의 열정, 모험심, 야성을 자극하는 상품을 제작하고 이에 알맞은 광고가 나가야만 젊은이들이 지갑을 연다.

애연가들은 말보로 담배 광고를 잘 알 것이다. 이 담배 광고는 거친 사나이를 등장시킨 것으로 유명하다. 어떤 광고에는 거친 들판에서 소와 싸우는 카우보이가 등장하는가 하면, 어떤 광고에서는 문신을 새긴 뱃사람이 등장한다. 왜 이런 거친 사람들을 주인공으로 등

|그림 1| 말보로 담배 광고 |그림 2| 말보로 담뱃갑

장시키는가? 그 이유는 다음과 같다. 담배 회사에서 담뱃갑을 디자인하고 소비자를 대상으로 상품이미지 조사를 했다. 말보로 담뱃갑은 두꺼운 마분지를 재료로 하여 흰색 바탕에 붉은색의 뚜껑이 있는 것이다([그림 2]). 이 담배는 독하여 남성 고객을 대상으로 한 제품이었는데, 소비자 조사를 해 본 결과, 담뱃갑이 '여성적인 느낌을 준다'고 평가되었다. 이미 담뱃갑의 디자인이 결정된 상태라 마케팅 담당자들은 당황했다. 담당자들은 고민에 고민을 거듭한 끝에 남성미를 물씬 풍기는 광고 전략을 짜서 말보로 담뱃갑의 약점을 보완하

기로 결정했다. 광고 전략은 적중했고, 말보로 담배는 남성 애연가
로부터 굉장한 인기를 얻었다. 심지어 말보로 담배 광고는 담배보다
더 인기가 높았다.

　감정은 야누스(주: Janus, 로마 신화에 나오는 두 얼굴을 가진 신)의
얼굴을 가졌다. 한 쪽은 우리를 우울하게 하고 격한 분노를 갖게 만
드는 부정적인 감정을 보여 주는 반면, 다른 한 쪽은 우리로 하여금
우월감, 행복, 환희를 느끼게 해 주는 긍정적인 감정을 보여 준다.
긍정적인 감정이 우리 주변에서 맴돌 수 있도록 꽉 붙들어야 한다.
부정적인 감정은 빨리 제거하여 이 늪에서 재빨리 탈출해야 한다.
이렇게 할 수 있으려면 우리는 감정이란 무엇이고 감정이 어떻게 발
생하며 유지되고 제거되는지를 잘 알아야만 한다.

　감정을 잘 이해하면 교우관계, 가족관계, 사회생활의 질이 높아진
다. 반면에 감정을 이해하지 못하여 감정지수가 낮은 사람은 왕따,
이혼, 해고 등을 경험하며, 범죄를 저지르기도 한다. 따라서 우리는
공부를 잘하는 것 못지않게 감정을 잘 배워야 한다. 감정심리학은
바로 이런 내용을 연구하는, 비교적 최근에 발달한 심리학 분야다.

감정은 필요한 것인가: 영화 〈이퀼리브리엄〉

일반적으로 감정은 억압되고 통제되어야 하는 것으로 알려져 왔다. A군의 경우를 보면 그렇다. A군이 어머니에 대한 미움을 억제할 수 있었다면 A군의 가정은 전혀 다른 방향의 이야기를 만들어 내었을 것이다. 그러나 감정을 통제하지 못한 이들 가족은 결국 평범한 삶을 살 수 없게 되고 말았다.

과거에는 많은 사람들이 감정이란 여자들과 수양이 부족한 사람만이 갖는 것이라고 생각해 왔다. 반면, 의지가 굳고 수양이 잘된 사람은 감정에 휩쓸리지 않고 이를 잘 통제한다고 여겼다. A군 가정의 경우를 생각해 보면 이 말은 전혀 틀린 것이 아니다. A군은 나약했고 감정 처리 능력이 부족했다.

하지만 이것이 전적으로 옳은 말은 아니다. 왜 그런가? 인간이 감정을 전혀 느낄 수 없다면 아주 불행한 일이 발생할 것이기 때문이다. 2003년 국내에 개봉된 영화 〈이퀼리브리엄(Equilibrium)〉은 이 문제를 다룬 것이다. 이 영화의 줄거리를 간추리면 다음과 같다.

21세기 초, 드디어 제3차세계대전이 발발했다. 핵전쟁의 폐허 속에서 간신히 살아남은 인류는 언젠가 제4차세계대전이 발발할 것이라는 우려에 전전긍긍한다. 그들은 세계에서 전쟁이 끝날 날이 없는 원인은 인간의 공격 욕구 때문이라고 생각했다. 이런 가운데 '리브리아'라는 새로운 국가가 탄생한다. 이 국가에서는 그라마톤 성직자가 지배계급으로 부상하는데, 이들은 총사령관을 뽑고 이 총사령관은 클레릭이란 특수부대를 운영한다. 특수부대의 목표는 국민의 감정을 통제하고 반정부 세력을 찾아 숙청하는 것이다. 그라마톤 성직자들은 인간의 고질적인 폭력성을 제거하기 위해 프로자임이라는 약물(주: 프로잭이라는 이름에서 파생된 것으로 프로잭은 우울증 치료제)을 개발한다. 이 약물을 복용하면 인간은 어떤 감정이든 느끼지 않게 된다. '리브리아' 시민들은 정부에서 배급한 프로자임을 매일 복용하도록 강요당하고, 만일 이를 어기면 처벌받는다. 더불어 시민들은 책, 그림, 음악 등을 접하지 못하는데, 이는 감정을 되살리는 것을 막기 위해서다. 모나리자 복사판을 소지한 시민은 그림을 소지했다는 단순한 이유로 체포된다. 애완견을 기르는 것도 엄금하여 이를 위반한 시민은 화형에 처해진다. 그러다 보니 시민들의 생활은 무미건조하고 삭막하다. 인간에게는 남의 행동을 예측하고 감시하는 인지능력만 향상된다. 그러므로 가족 간의 사랑도 없고 대화도 없다. 이에 따라 이런 무지막지한 독재정부에 반기를 든 시민조직이 생겨나기 시작했다. 그들은 감정이 없는 인간의 생활은 '재깍

거리는 시계'에 불과하다며 정부를 타도하기 위해 맹렬히 투쟁한다.

클레릭의 일급 요원인 존 프레스톤은 어느 날 세수를 하고 프로자임을 마시려다 그만 약병을 깨뜨리고 만다. 이럴 경우에는 본부에 즉각 보고하고 프로자임을 배급받아 복용해야만 한다. 그러나 프레스톤은 이를 이행하지 않았다. 그 결과 그는 점차 감정을 느끼게 된다. 반정부 조직을 소탕하는 가운데 개를 발견하게 되지만 개가 측은하고 귀여워 죽이지 않고 집에 데려온다. 절친한 동료가 자살하고 부인마저 숙청당하는 우환 속에 그의 독재정부에 대한 적개심은 더욱 불타오르고 우연히 접하게 된 반정부 조직과 밀착한다. 프레스톤은 새로운 반정부 조직을 발견했다고 총사령관에게 보고하여 그의 신임을 얻는다. 두터운 신임을 기회로 그는 아무도 만나 본 적이 없는 총사령관에 접근할 수 있게 된다. 프레스톤은 기회를 이용하여 드디어 총사령관을 암살하고 클레릭 조직을 파괴한다. 프로자임 공장을 폭파하고 총사령관의 피살을 시민들에게 널리 알려 시민들과 함께 독재정부를 전복시킨다. '리브리아' 시민은 드디어 감정을 느낄 수 있는 자유를 되찾는다.

우리가 감정을 느끼지 못한다면 '리브리아' 시민들처럼 우리 생활은 사막처럼 삭막해질 것이다. 인생이 무미건조하고 살맛이 나지 않는다. 사람들은 신경이 날카로워지고 상대방을 의심할 뿐이다. 우리가 인간생활에서 맛보는 사랑, 연민, 동정심, 희열, 쾌락, 아름다움, 절정 경험 등을 느끼지 못한다. '리브리아' 반정부 시민들이 토로한 것처럼 감정을 느끼지 못하는 인간생활이란 끊임없이 왕복하는 시계추에 불과하다.

실제로 우리 중에 '리브리아' 사람처럼 감정을 전혀 느끼지 못하는 사람이 있다. 척추 부상으로 목뼈의 신경이 크게 손상된 사람들은 감정을 전혀 느끼지 못한다. 그 원인은 뇌로부터 전달되는 감정이 신경 손상으로 신체에 전달되지 못하기 때문이다. 그런 사람들은 타인이 자신을 모욕해도 분노를 느끼지 못한다. 머릿속으로는 강한 분노를 느껴야 한다고 생각하지만 신체가 분노 반응을 일으키지 못하기 때문에 전혀 화를 내지 못한다. 그는 속으로는 '화를 내야지, 저 놈이 나를 이렇게 업신여기는데.' 하고 화를 돋우려 하지만 분노가 폭발하지 않는다. 왜냐하면 신체적으로 전혀 분노심이 생기지 않기 때문이다. 그러나 재미있는 것은 이들이 거짓으로라도 상대방에게 화를 낸다는 것이다. 신체가 느끼는 대로 그냥 무덤덤하게 참고 있으면 상대방이 계속 자신을 모욕하기 때문이다. 즉, 더 이상 상대방이 자기를 무시하지 못하도록 저지하기 위해 척추 부상자들은 거짓으로라도 화난 척하는 것이다.

앞서 저자는 분노나 우울증 같은 부정적인 감정은 피해야 한다고 말했다. 그러나 척추 부상자의 경우를 생각해 보면, 우리는 분노나 적개심도 느껴야 한다. 척추 부상자처럼 분노를 느끼지 못한다면 다른 사람이 이를 악용하여 우리를 괴롭힐 수 있다.

　우리 대부분은 선천적으로 긍정적인 정서를 느끼게끔 되어 있다. 예컨대, 사랑, 행복, 기쁨, 절정 경험 등은 배우지 않아도 선천적으로 느끼기 마련이다. 그러나 모든 사람들이 모든 종류의 긍정적인 감정을 다 똑같이 느끼는 것은 아니다. 절정 경험, 예컨대 환희, 희열 등은 스포츠맨이나 예술가, 과학자들이 자주 느끼는 감정이다. 즉, 올림픽에서 금메달을 딴 사람, 걸작을 창작한 예술인, 그리고 위대한 발견이나 발명을 한 사람은 자신의 목적에 성공한 순간 일반인들이 갖지 못한 회열과 쾌감을 느낀다.

　이는 부정적인 정서도 마찬가지다. 우리는 적개심, 불안, 우울, 슬픔 등을 모두 다 느낄 수 있다. 그러나 이런 감정을 자주 느끼는 사람들이 있는 반면, 이를 적게 느끼거나 느껴도 잘 극복하는 사람들이 있다. 이런 사람들은 행복한 사람들이다.

　따라서 우리는 과연 감정이란 무엇이고 이것이 어떻게 발생하는 것인가를 잘 알아야 한다. 최근 감정에 관하여 많은 심리학자들이 연구하고 있다. 감정심리학이 다른 분야의 심리학에 비해서는 그 출발이 늦었지만 이미 생리심리학자, 사회심리학자, 발달심리학자, 임상 및 상담 심리학자들이 1970년 이후 연구 속도를 올리고 있다. 이제 감정심리학자들이 연구한 것을 하나하나 살펴보기로 하자.

감정이란 무엇인가

먼저 감정이란 무엇인지 살펴보자. 감정은 우리가 문틈에 손을 찧었을 때 느끼는 신체적 통증으로부터 시작해 막연한 불안, 도덕적 죄책감, 수치심까지 다양하다. 물론 성적 쾌감, 경쟁에서 이겼을 때 갖는 뿌듯한 자부심 등도 감정이다. 심리학자는 감정(affect)이라고 부르기보다는 정서(emotion)라고 부르는 경향이 있는데 사실 이 둘 사이에 개념상의 차이는 없다. 따라서 이 책에서는 정서와 감정이란 말을 같은 의미로 사용할 것이다.

심리학자들은 기분(mood)과 감정을 구별하는데, 기분은 원인과 대상이 없이 막연한 느낌으로 감정보다 오래 지속되고 그 느낌의 강도도 낮다. 대표적인 예가 우울한 기분이다. 반면, 감정은 그 원인과 대상이 있고 비교적 짧은 순간 지속된다. 기쁨, 분노, 공포 등이 그 예다.

정서표현이론 감정의 종류에는 몇 가지가 있는가? 사전을 찾아보면 감정을 나타내는 수많은 단어가 있다. 스톰과 스톰(Storm & Storm, 1987)은 여러 학자들이 제시한 감정에 대한 정의를 참고로 감정을 표현하는 단어를 신중하게 분석해 본 결과, 심리학자들이 생각하고 있는 감정 단어가 약 350개라고 발표했다. 그러나 이들 단어 가운데는 서로 같은 종류의 단어가 뒤섞여 있다. 그래서 이 연구자들은 뚜렷이 구분된다고 생각하는 72개의 감정 단어를 추려서 대학생들에게 제시하고, 그 단어들을 유사성에 따라 분류하되 각 단어가 중복 사용되지 않게 했다. 대학생들이 분류한 결과를 다차원 비교법이라는 통계방법을 이용하여 단어별로 묶어 보았다(군집분석). 그랬더니 2~5개의 단어로 구성된 18개의 군집이 나타났는데 그중 중요한 5개의 군집을 예로 들면 다음과 같다. (1) 분노, 격분, (2) 혐오, 질색, 싫음, 경멸, 증오, (3) 슬픔, 비탄, 침울, 가책, (4) 공황, 두려움, 공포, (5) 의기양양, 환희, 기쁨, 황홀경 등이다.

감정은 그 종류가 많으나 이 감정들은 서로 비슷한 것이 많다. 그래서 감정심리학자들은 스톰과 스톰이 사용한 방법으로 감정을 묶어 보곤 한다. 감정을 묶어 보려는 학자들은 인간의 기본감정이 무엇인가에 관해 관심을 가진 사람들이다.

인간의 기본감정에 관심이 있는 학자들은 감정이 동물의 생존에 필수라고 가정하고 있다. 다윈은 여러 가지 정서, 예컨대 분노 같은 것은 모든 동물에게서 동일하게 나타나며 그 표현 방법도 유사하다고 말한다. 즉, 인간을 포함한 포유류는 상대방에게 분노를 나타낼 때 입을 벌리고 이빨을 드러낸다. 분노는 나를 위협하는 상대방에게 경고장을 날리는 것으로 동물이 살아가는 데 필요한 감정이다([그림

|그림 3| 다윈의 개 분노

3| 참조). 두려움도 마찬가지인데, 두려움의 얼굴 표정은 원시적으로 살아가는 부족이나 현대인이나 똑같다. 두려움은 동물이 자기를 보호하는 데 필요한 감정이다. 즉, 우리는 뱀이나 사자 앞에서 두려움을 느껴야 한다. 그렇지 않으면 뱀이나 사자에게 상처를 입거나 잡아먹힌다. 이렇게 감정을 진화론으로 설명하는 학자들은 감정이 동물의 생존에 필수적인 요소이고 그 때문에 유전되어 왔다고 주장한다. 그리고 이 진화론자들은 감정이 어떤 식으로 표현되는지에 관심을 갖는다.

에크먼은 인간의 기본감정이 여섯 가지라고 말했는데 그것을 증명한 방법이 재미있다. 1968년에 그는 파푸아뉴기니의 고원 지대에

|그림 4| 이 중에서 두려움(공포)을 나타내는 것은 무엇일까?

살면서 외부 세계와 한 번도 접촉한 적이 없는 석기시대 수준의 문명을 가진 포레족을 대상으로 감정을 연구했다. 에크먼은 미리 미국사람의 여러 가지 표정을 사진으로 찍었고 세 가지 서로 다른 표정의 사진을 한 묶음으로 하여 여러 사진묶음을 만들었다. 그리고 이사진묶음을 미국인은 물론 외부 세계의 사람을 한 번도 본 적이 없는포레족에게 보여 주었다([그림 4]). 그것을 보여 준 다음 어떤 감정을불러일으키는 이야기를 들려 주었다. 사전(事前) 연구에서 포레족이멧돼지에게 공포를 느낀다는 사실을 알았기 때문에 멧돼지에 관한이야기를 준비해 가서 들려주었는데 그 내용은 다음과 같다.

"어떤 사람이 혼자 집에 있고 마을에는 사람이 아무도 남아 있지않았다. 집에는 칼이나 도끼, 활과 화살 따위의 무기가 없다. 멧돼지가 그의 집 앞에 서 있는데 그는 멧돼지를 보고 아주 무서워한다. 멧돼지는 몇 분 동안 그 자리에 서 있고, 그 사람은 겁이 나서 멧돼지를 바라본다. 멧돼지가 문 앞에서 꼼짝도 하지 않는 것을 보고 자기를 물까 봐 겁에 떨고 있다."(Ekman, 2003)

포레족에게 이 이야기와 더불어 [그림 4]에 나와 있는 사진 3장을 보여 주었다. 그리고 이 이야기 속의 주인공이 느끼고 있는 감정을 잘 나타내는 사진이 그중 어떤 것인지를 고르게 했다. 어떤 사진이든 한 번 이상 보여 주지 않았다. 300명 이상의 포레 족을 실험했는데 그 결과는 아주 명백했다. 기쁨, 분노, 불쾌함, 슬픔을 분명하게 가려냈다. 앞에 말한 여러 가지 감정과 두려움을 확연히 구분했으나 두려움과 놀라움은 자주 혼동했다. 즉, 포레 족은 무서운 이야기를 들었을 때 두려운 표정만이 아니라 놀라운 표정도 함께 나타냈다.

그다음 에크먼은 포레족 9명의 표정을 사진으로 찍었다. 즉, 위의 실험에서 사용했던 이야기를 다시 들려 주고 그들 자신이 이야기 속의 주인공이라면 어떤 표정을 지었을 것인가 생각하게 하고 그 표정을 짓게 했다. 이 표정을 사진 찍고 이 사진들을 미국으로 가져와 포레족의 표정을 한 번도 본 적이 없는 미국의 대학생들을 대상으로 연구했다. 결과는 놀라웠다. 미국 대학생들은 포레족이 한 것과 같은 동일한 판단을 내렸다. 즉, 대학생들은 기쁨, 분노, 불쾌함, 슬픔을 분명하게 가려낸 반면, 두려움과 놀라움을 혼동했다. 포레 족을 한 번도 보지 못한 대학생들이 포레족이 지은 표정을 정확하게 알아맞힌다는 사실은 매우 놀라운 결과가 아닐 수 없다.

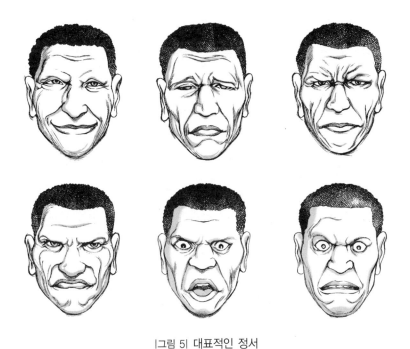

|그림 5| 대표적인 정서

　이 신비로운 결과를 토대로 에크먼은 감정 표현은 유전되는 것이고 문화권에 따라 차이가 나지 않는 것이라고 주장했다. 그는 자신의 연구에서 밝혀진 사실, 즉 문화권이 다름에도 불구하고 감정 표현이 동일한 기쁨, 분노, 불쾌함, 슬픔, 놀라움, 두려움의 여섯 가지 감정이 인간의 기본감정이라고 주장했다([그림 5] 참조).

　다윈의 정서진화이론이나 에크먼의 기본정서이론은 모두 정서가 적응적 기능(종족유지, 생명유지)을 하며 그것이 선천적으로 학습된 것이라고 주장한다. 그리고 이 두 이론은 정서표현을 중점적으로 연구하는 소위 정서표현이론에 속한다. 즉, 에크먼의 기본정서이론은 다윈의 정서진화이론을 현대적 연구방법으로 증명한 것이다.

더 나아가 에크먼은 재미있는 가정을 했다. 그는 정서표현을 우리가 통제할 수 없으며 이는 자연스럽게 표출된다고 본 것이다. 즐거우면 얼굴에 웃음이 나타나고 슬프면 슬픈 표정이 지어지기 마련이라는 것이다. 만일 우리가 이를 억제하거나 거짓으로 표현하면 일그러진 모양이 된다. 예컨대, 부부싸움을 하고 출근한 판매원이 고객을 만나 억지로 웃음을 지으면 반쪽 얼굴은 웃고 다른 반쪽 얼굴은 찡그린 비대칭적인 가짜 웃음이 나타난다. 에크먼은 그런 억지웃음은 곧 알아차릴 수 있다고 주장한다.

에크먼은 얼굴 표정을 자세히 분석하여 각 감정에 따른 얼굴 모양을 분석했다. 이에 따라 그는 가짜 얼굴 표정을 가려낼 수 있었다. 그는 세계 각국의 정신질환자들과 정상인, 성인과 어린이를 대상으로 과민반응, 둔한 반응, 적절한 반응 그리고 거짓말할 때와 진실을 말할 때의 얼굴 표정을 분석했다. 그 결과 그는 많은 얼굴 표정에 관해 해박한 지식을 쌓을 수 있었다. 그는 현재 미국의 수사기관이 의뢰하는 사건의 자문을 많이 하는데, 수사기관이 용의자로 지목한 사람들이 심문을 받을 때 짓는 여러 가지 얼굴 표정을 관찰하여 용의

자가 진실을 말하는지, 거짓말을 하는지를 가려낸다.

정서표현이론은 기본정서가 무엇이고 정서가 어떻게 표현되는가를 밝혀 주지만, 정서가 어떻게 발생하는지에 관해서는 알려 주지 않는다. 우리가 공포를 느끼면 동공이 커지고 머리카락이 쭈뼛서며 가슴이 두근두근 뛴다. 즉, 감정은 우리 신체에 변화를 가져온다. 따라서 우리는 감정이 일으키는 생리적 변화를 연구할 필요가 있다. 정서의 생리적 변화와 관련해서는 두 가지 이론이 있다. 하나는 인지이론이고 다른 하나는 생리이론이다. [그림 6]은 이 이론을 도식화한 것이다.

인지이론	사자 ➞	정서: 공포 ➞	신체적 반응(입이 마름, 심장이 뜀)
생리이론	사자 ➞	신체적 반응(입이 마름, 심장이 뜀) ➞	정서: 공포

|그림 6| 정서의 인지이론과 생리이론

정서의 생리적 변화 인지이론에서는 우리가 사자를 보면 보는 동시에 두려움이라는 정서가 발생한다고 주장한다. 그다음 신체적 반응이 뒤따라서 심장이 뛰고 입이 마르며 손에 땀이 난다. 이 이론의 한 예를 들어 보면, 우리는 어두컴컴한 길을 걸어갈 때 앞에 어떤 물체를 발견하면 그것이 무엇인가 자세히 살펴본다. 그것이 도둑이나

치한으로 인식되면 우리는 두려움을 갖게 되고 그에 따라 심장이 뛰고 입이 마른다. 반면, 그가 나를 마중 나온 가족임을 알게 되면 두려움 대신 반가움을 느낀다. 즉, 인지이론에서는 먼저 정서를 인지하고 그다음에 생리적 변화가 온다고 본다.

반면, 생리이론에서는 우리가 사자를 보면 머리카락이 곤두서고 땀이 나는 신체적 반응이 먼저 일어나는데, 그 생리적 변화에 따라 두려움을 느낀다고 본다. 예를 들어, 내가 운전을 하고 가는데 반대 차선에서 오는 차가 차선을 위반하여 이쪽으로 돌진한다. 간신히 피한 후에 '큰일 날 뻔했다.'라고 생각하며 그제서야 두려움을 느낀다. 심장이 뛰고 등에 식은땀이 흐른다. 즉, 달려오는 차를 간신히 피하는 경우 우리는 두려움을 인식할 시간적 여유가 없다. 먼저 몸을 재빨리 피할 뿐이다. 그런 다음 가슴이 철렁하고 식은땀을 흘리는 신체적 변화를 겪는다. 그 신체적 변화가 우리에게 그 상황이 두려움이라고 신호한다.

그러면 두 이론 중 어느 것이 맞는가? 사실 맞고 틀리는 것은 없다. 다만 이 두 이론은 어떤 감정을 설명하는가에 따라 어느 한 이론이 더 우수할 뿐이다. 도망갈 것인가 또는 싸울 것인가 하는 상황을 생각해 보자. 우리 앞에 우리를 위협하는 동물이 나타났다. 만일 이 동물이 워낙 커서 도저히 이 동물과 싸워 이길 수 없다고 생각한다면 우리는 두려움을 느끼고 줄행랑을 친다. 반대로 그 동물이 조그만 너구리라면 우리는 공격성을 가지고 너구리에 대항할 것이다. 즉, 도망—투쟁 상황 시 우리의 정서는 인지이론으로 설명하는 것이 더 적절하다. 왜냐하면 우리가 사태를 판단(또는 인지)한 후 결정을 내리고 그에 따라 생리적 변화가 생기기 때문이다. 앞에서 설명한 것과 같이 어두운 길에서 갑자기 물체가 나타난 경우는 그것이 무엇인지 인식(즉, 가족인가, 치한인가 여부)을 하고 난 후에 정서를 느끼고 그에 따라 신체적 변화가 온다.

그러나 갑자기 닥친 위기의 순간에는 그 위기가 어떤 상황인지의 여부를 판단할 시간이 없다. 차가 내 앞으로 돌진하는 경우는 몸을 급히 피하고 그에 따라 심장이 뛰고 머리털이 서며 등에 땀이 나는 신체적 변화를 느낀 후 두려움이라는 공포를 갖게 된다. 이 경우는 생리이론으로 더 잘 설명할 수 있다.

앞에서 이야기한 다윈의 정서표현이론 연구가들은 생리이론을 지지하는 결과를 많이 보고했다. 즉, 정서표현이론가들은 동물이 어떤 정서를 표현할 때는 그 표현에 필요한 어떤 특수한 근육 활동이 병행함을 밝혔다. 예컨대, 우리가 웃을 때는 입술 양끝이 위로 올라가고 양 눈썹 끝이 아래로 처진다. 반대로 우리가 화를 내면 입이 앞으로 튀어나오고 양 눈썹이 안으로 오므라든다.

웃거나 화를 낼 때 그에 따라 특수한 근육 활동이 수반한다는 사실을 미루어 볼 때, 재미있는 가정을 할 수 있다. 즉, 우리가 감정을

가질 때 사용하는 근육 활동을 인위적으로 조작해 만들어 내면 그에
해당하는 정서를 경험할 수 있을 것이라는 것이다. 실제로 그럴까?
[그림 7]을 보자.

|그림 7| 오른쪽 방식으로 연필을 물면 기분이 나빠지는 반면, 왼쪽 방식으로 연
필을 물면 기분이 좋아진다.

[그림 7]의 오른쪽 그림은 화를 내는 근육을 사용하도록 고안한 것
이다. 즉, 연필을 인중에 오므려 고정시키고 있으려면 화를 낼 때 사
용하는 근육이 움직이게 된다. 반면, 왼쪽 그림처럼 연필을 치아에
물고 있으면 웃을 때 사용하는 근육이 움직인다. 독자들도 [그림 7]
과 같은 식으로 연필을 입에 물어 보자. 왼쪽 방식으로 연필을 물고
있으면 기분이 좋아지는 것을 느끼게 될 것이다. 그 다음 연필을 오
른쪽 방식으로 바꾸어 물고 있어 보자. 잠시 동안 기분이 나빠질 것
이다.

우리가 인위적으로 잠시나마 자신을 행복하게 만들 수 있는가? 그렇다. 화장실에 가서 거울을 쳐다보고 그냥 미친 듯이 크게 웃어 보라! 잠시 동안 기분이 유쾌할 것이다. 왜 그렇게 되는가? 기쁠 때 사용하는 근육을 억지로라도 사용했기 때문이다.

인지이론 이제 반대로 인지이론에 대해서 살펴보자. 시험을 앞둔 학생을 예로 들어 보자. 어떤 학생은 시험 때문에 스트레스를 받는다. 공부를 열심히 하지 않고 결석을 많이 한 학생에게 시험은 지옥처럼 다가올 것이다. 그러나 평소 학업에 열중한 학생에게는 시험이 그렇게 큰 스트레스가 되지 않는다. 미리 대비해 열심히 공부했기 때문이다. 똑같은 상황이라고 해서 모두에게 똑같이 스트레스를 일으키는 것이 아니다. 즉, 어떤 상황이 우리에게 스트레스를 줄 것인가 아닌가의 여부는 우리가 그 상황을 어떻게 인식(또는 인지)하는가에 달려 있다. 따라서 우리에게 공포나 두려움을 초래하는 상황은 우리가 그 상황을 어떻게 판단(인지)하는가에 달려 있다. 그리고 우리의 판단에 따라 느끼는 감정 또는 정서가 달라진다. 이것이 라자루스의 '인지적 스트레스 이론'이다.

최근 생화학(Biochemistry) 분야가 발달하여 감정에 수반되는 신경전달물질이 무엇인가에 대해 자세히 밝혀졌다. 예컨대, 우울한 경우는 우리 뇌에 세로토닌이라는 신경전달물질 분비가 저하된다.

프로잭이라는 약물은 우울증 치료제인데 이 약은 세로토닌 분비를 촉진시켜 주는 약물이다. 기쁠 때 엔도르핀이 분비된다는 사실은 모두가 알고 있다. 이런 사실은 감정을 생화학적·생리학적으로 연구한 결과다. 이 생화학적 정서 연구는 생리학적 정서 연구에 새로운 장을 열어 주고 있다. 이 분야가 앞으로 더 발전하면 우리가 정서를 생리학적·생화학적으로 더 잘 이해하게 될 것이다. 그리고 약을 통해 간단하게 우리의 정서를 통제할 수 있을 것이다. 예컨대, 슬플 때 기쁨을 일으키는 약을 한 알 복용하면 우리는 금새 행복해질 것이다. 지금 우울증 치료제로 널리 사용되고 있는 프로잭도 우울증 환자의 기분을 해소해 주기 때문에 일종의 '행복' 약이라고 말할 수 있다.

마지막으로 또 다른 정서이론인 사회적 정서이론을 살펴보자. 에버릴은 다윈의 진화이론을 현대적으로 각색한 이론을 발표했다. 다윈은 정서가 종의 생존에 필요한 기능을 한다고 발표하였다. 즉, 동물은 두려움을 느끼고 공격성을 표현할 수 있어야 생존할 수 있다. 그런데 에버릴은 정서는 사회적 기능을 갖고 있다고 주장한다. 예컨대, 우리는 도덕을 위반했을 때 수치심을 느끼는데 이것은 사회를 유지하기 위한 것이다. 어떤 사회든지 그 사회 구성원이 수치심을 느끼면 그 사회는 도덕적으로 파탄에 이르지 않는다. 로마제국이 멸망한 것은 로마 귀족들이 극도로 사치하고, 특히 성적으로 문란했기 때문이라는 것이 오늘날 역사학자들의 공통된 판단이다. 따라서 에버릴의 사회적 정서이론은 다윈의 유전적 정서이론과 유사하다.

＊＊＊＊＊＊

지금까지 우리는 감정이 어떻게 발생하는가를 크게 세 가지 이론, 즉 표현이론(또는 유전이론), 인지이론 그리고 생리이론으로 나누어 살펴보았다. 그리고 이 세 가지 이론의 아류(亞流)를 살펴보았다. 표현이론의 아류는 에크먼의 얼굴 근육이론이다. 생리이론의 최신판 아류는 생화학적 정서이론이다. 마지막으로 소개한 에버릴의 사회적 정서이론은 표현이론(또는 유전이론)의 현대판이다. 세 가지 정서이론과 그 대표적 학자들은 〈표 1〉에 제시되어 있다(이훈구 외, 2003). 이로써 독자들은 감정 또는 정서란 무엇인가와 이를 어떻게 연구하는가에 관해 간략한 지식을 터득하게 되었다.

정서 분류 방법 이제 정서를 어떻게 분류할 수 있는가에 관해 살펴보기로 한다. 앞서 설명한 것과 같이 에크먼은 여섯 가지 정서(기쁨, 분노, 불쾌함, 슬픔, 놀라움, 두려움)를 기본정서(감정)라고 말했다. 플러칙은 에크먼의 여섯 가지 정서에 '기대'와 '수용' 두 가지를 덧붙여 여덟 가지를 꼽았다([그림 8]).

〈표 1〉 정서심리학의 세 가지 이론과 그 대표적 학자들

이론	중심 개념	고전적 연구	현대적 연구
표현이론	정서는 적응적 기능을 갖거나 유전됨	다윈	에크먼
인지이론	정서는 인지적 판단을 토대로 함	에버릴	라자루스
생리이론	정서는 신체적 반응과 뇌 및 생화학적 변화로 나타남	제임스-랑게	레빈슨

플러칙이 말하는 여덟 가지 정서이론은 재미있다. 그는 여덟 가지 정서는 서로 반대가 되는 것으로 묘사하고 있다. 즉, 〈표 1〉에서 보면 사랑의 반대는 후회이며 복종의 반대는 경멸이다. 낙관의 반대는 실망이고 공격성의 반대는 경외다.

그리고 원 안에는 역시 원 밖과 마찬가지로 여덟 가지의 정서가 있다. 즉, 기쁨, 수용, 공포, 놀라움, 슬픔 등등 여덟 가지가 있다. 그런데 플러칙의 이론이 더욱 재미있는 것은 이 여덟 가지 원 안의 정서들이 원 밖의 정서와 밀접한 관계가 있다는 점이다. [그림 8]에서 서로 이웃한 정서가 합쳐지면 원 밖의 정서가 발생한다. 예컨대, [그림 8]에서 맨 위쪽의 두 정서, 즉 기쁨과 수용이 합쳐지면 사랑이라는 정서가 생기는 것이다. 이런 식으로 보면 복종은 수용과 공포가 합쳐진 것이며, 실망은 놀라움과 슬픔의 합작이다. 경외는 공포

|그림 8| 플러칙의 여덟 가지 정서이론

와 놀라움이 합쳐진 것이며, 후회는 역겨움과 슬픔이 합쳐진 것이다. 경멸은 분노와 역겨움의 합작이며, 공격성은 기대와 분노가 합쳐진 것이다. 그리고 마지막으로 낙관은 기쁨과 기대가 합쳐지면 발생한다. 플러칙의 기본정서와 그 기본정서의 구성요소는 이처럼 재미있는 이론이지만 아직은 이론에 불과하다. 앞으로 이 이론을 지지하는 연구 결과들이 더 축적되어야 한다.

물론 동양에서도 감정에 관해 연구했다. 동양철학에서 말하는 사단칠정(四端七情)이 서양심리학에서 말하는 감정에 해당한다. 사단은 측은지심(惻隱之心), 수오지심(羞惡之心), 사양지심(辭讓之心), 시비지심(是非之心)이고, 칠정은 희(喜), 노(怒), 애(哀), 구(懼), 애(愛), 오(惡), 욕(慾)이다. 사단이란 동정심, 창피함, 사양하는 마음, 시비를 가리는 마음으로 이는 도덕이나 사회적 정서를 말한다. 이에 비해 칠정은 에크먼의 여섯 가지 기본정서와 비슷하다. 다만, 욕망을 포괄한 것이 특이하다. 이 욕망에는 성적 욕망, 성취적 욕망, 권력 욕망 등 모든 것이 포함될 것이다.

그러나 동양이나 서양의 정서 분류는 단순히 여러 정서를 나열한 것에 불과하다. 이 정서가 발생하는 원인을 토대로 구분한 것이 아니다. 저자는 정서를 유발하는 요인을 고려하여 크게 다섯 가지 유목으로 구분하고자 하는데 바로 다음과 같다. ① 생존 및 발달 관련 감정, ② 성취 관련 감정, ③ 도덕 관련 감정, ④ 성격 관련 감정, ⑤ 사회문화 관련 감정이다.

생존 및 발달 관련에는 에크먼이나 플러칙이 말한 기본정서가 포함될 것이다. 저자는 이에 덧붙여 성적 욕망을 추가하려 한다. 저자가 생각하는 생존 및 발달 관련 감정은 다음과 같다. 기쁨, 분노, 불쾌함, 슬픔, 놀라움, 두려움, 호기심 그리고 성적 욕망 및 사랑이다. 한편, 성취 관련 감정에는 자부심, 자신감, 희열, 질투 그리고 성취감이 있다. 도덕 관련 감정은 죄책감, 수치감, 불안 그리고 동정심이다. 성격 관련 감정은 조급성, 우울, 쾌활, 무력감, 잔인성 등이다. 마지막으로 사회문화 관련 감정은 권력 욕망, 물질적 욕망, 우정, 가족애 등이다. 이제 다음 장에서는 이 다섯 가지 유목에 따라 그에 속하는 정서를 보다 더 자세히 살펴보기로 한다.

02
감정의 유형

02
감정의 유형

생존 및 발달 관련 감정

다윈이 두려움, 분노 등이 유기체가 생존하는 데 필요한 감정이라고 말했다는 것은 이미 언급했다. 그리고 에크먼이 기쁨, 분노, 불쾌함, 슬픔, 놀라움, 두려움을 기본정서라 하고, 또한 이들 정서가 생존에 필요한 기능을 한다는 것도 이미 이야기했다. 다윈이 말한 생존에 필요한 정서, 에크먼이 말한 기본정서에 관해 보다 더 자세히 살펴보자. 저자는 이 두 학자가 언급한 생존에 필요한 정서 및 기본정서에 호기심과 성적 욕망이라는 두 정서를 추가하고 이를 생존 및 발달 관련 감정이라고 부르기로 한다. 이 감정들 각각에 관해 간단히 살펴본다.

두려움과 분노 먼저 에크먼이 말한 기본정서를 살펴보자. 그가 꼽은 대표적인 기본정서, 즉 두려움은 동물이나 인간이 생존하는 데 필요하다. 우리는 두려움 때문에 위험한 일에 대처하기 때문이다. 즉, 맹수, 독사 등 신체에 해를 가하는 것으로부터 스스로를 보호하는 것이다. 현대인이 갖는 두려움은 단순히 맹수나 독사에 한하지 않는다. 화재, 지진, 자동차 사고, 비행기 사고 등을 비롯해 실직, 이혼, 경제 불황 등 다양하게 발전되어 왔다. 즉, 현대인은 과거 미개인보다 더 광범위한 두려움에 휩싸여 있고 그 두려움은 종류가 더 많아지면서 진화해 왔다. 더불어 현대인은 두려움에 대처하는 여러 가지 방법을 고안했다. 예컨대 각종 보험 등이 그것인데, 우리는 돈을 들여 생명보험, 화재보험, 자동차보험 등에 가입하는 것이다.

다음 분노 감정을 살펴보자. 분노가 기본정서라고 주장하는 에크먼의 의견에 반대하는 학자가 있다. 이들은 에스키모인에게는 분노 정서가 없는데 그 이유는 아동이 분노를 나타내는 것을 부모들이 허용하지 않기 때문이라고 한다. 그러나 사실 분노는 모든 인종이 시대와 공간을 초월해서 갖는 감정이다. 분노는 우리가 하고자 하는 것을 누군가가 혹은 무언가가 방해할 때 생기는 감정이다. 개도 밥을 먹을 때 옆에서 건드리면 이빨을 드러내며 위협을 한다.

분노는 비교적 어렸을 때부터 표출된다. 생후 6개월 된 아기의 양팔을 꽉 쥐어 움직이지 못하게 하면 아기는 얼굴을 찡그리고 발버둥

친다. 취업에 여러 번 실패한 사람은 움츠러들기도 하지만 대부분 분노를 갖는다. 취업 목표가 좌절되었기 때문이다. 이렇게 분노의 시초는 동물이 먹이 먹기를 방해받을 때나 신체적 자유가 억압당할 때였지만 오늘날에는 더욱 확대되어 우리의 어떤 정신적 목표가 방해를 받을 때도 발생한다. 분노는 부정적 정서로 불쾌감을 느끼게도 하지만 한편으로는 생존 경쟁에 필수적인 감정이다. 동물이 자기 먹이를 건드리는 적에게 분노를 표현하지 못하면 먹이를 빼앗기고 결국 굶어 죽게 된다.

오늘날 분노는 진화되어 왔다. 우리는 단순히 물질적·신체적 위협에 대한 분노뿐만 아니라 사회를 위태롭게 하는 정신적 위협에도 분노한다. 예컨대, 정의(正義)에 투철한 사람은 불의(不義)에 분노한다. 이럴 때의 분노는 도덕적 정서에 해당하기도 한다.

우리의 목표가 좌절당할 때 분노를 표현하는 것은 자연적이고 정신건강에도 이롭다. 애인에게 배반을 당하거나, 수능시험에서 부진한 성적을 내거나, 친구들로부터 따돌림을 당하거나, 남편이 깐깐하게 가계부를 따질 때 우리 모두가 어느 정도 화를 낸다. 그리고 이런 것은 당연하고 필요한 행동이다. 그러나 사사건건 분노를 표출할 수는 없다. 우리에게 분노를 일으키는 당사자가 부모, 직장상사, 선생님일 때는 더욱 그렇다. 이 경우 우리는 분노를 억압해야 한다. 친구 사이에서도 어느 정도 분노는 억제되어야 한다. 친구가 듣기 싫은 이야기를 했다고 뽀로통해 화를 내는 것은 온당치 않다. 우리는 분노를 어느 정도 통제할 수 있어야 한다. 뒤에서 자세히 이야기하겠지만 분노 통제가 안 되는 사람은 정서지능이 낮은 사람이고, 반대로 분노를 잘 다루는 사람은 정서지능이 높은 사람이다.

분노 통제가 안 되는 이유는 성장 과정에 문제가 있었기 때문이다. 부모나 주위 사람이 어린아이가 분노를 표현할 때 어느 정도 제재를 가해야 한다. 즉, 우리는 원만한 인간관계를 위해서 어느 정도 분노를 통제해야 하는데, 이런 것은 어렸을 때 부모가 가르쳐 주어야 한다. 더 자세한 분노 통제 방법은 뒤에서 자세히 설명할 것이다.

놀라움 [그림 9]를 살펴보자. 어느 그림이 놀라움을 나타내는 것이고 어느 그림이 두려움을 나타내는 것인가? 왼쪽이 놀라움이고 오

|그림 9| 놀라움과 두려움의 얼굴 표정

른쪽이 두려움이다. 사람들은 놀라움과 두려움을 잘 구분하지 못하는데, 이는 아마 두 정서가 비슷한 성격을 갖고 있기 때문일 것이다.

즉, 두려운 경우 놀라움도 함께 느끼는 경향이 있는데 이때 놀라움은 두려운 감정과 비슷하다. 그러나 놀라움이 두려움과 같지는 않다. 놀라움은 기대한 것과 정반대의 상황에 부딪혔을 때나 어떤 신기한 것을 발견했을 때 갖는 감정이다. 이에 비해서 두려움은 공포와 같다. 즉, 우리가 신변의 안전에 위협을 받을 때 흔히 갖는 감정이 두려움이다.

불쾌감 다윈은 불쾌감의 원천은 역겨움이고 이 역겨움은 동물에게서도 발견된다고 말했다. [그림 10]을 살펴보자.

|그림 10| 개가 역겨워하는 모습

이 그림은 개가 역겨워하며 짓는 표정이다. 불쾌함은 역겨움에서
발전되었기 때문에 우리가 불쾌감을 느끼면 역겨운 것을 토해 내는
표정을 짓게 된다.

기쁨　기쁜 표정은 아기가 엄마를 보았을 때 짓는 얼굴 표정에 잘
나타나 있다. 기쁨에는 두 가지 종류가 있다. 하나는 약한 기쁨으로
행복감 같은 것이 이에 속한다. 강한 기쁨은 황홀감(ecstasy)과 같이
강한 쾌감을 동반하되 그 대신 빨리 사라진다.

라스키는 일반 남녀를 대상으로 황홀감을 얼마나 자주 느꼈는가
를 알아보았다(Laski, 1962). 그 결과 황홀감을 경험하는 것은 아주
드문 일임이 밝혀졌다. 조사 대상자의 11%만이 그러한 경험을 했다
고 보고했다. 라스키는 더 나아가 응답자들에게 어떤 경우에 황홀감
을 느끼는지를 조사했다. 응답자가 응답한 것을 높은 비율 순서대로
정리하면 다음과 같다(괄호 속의 숫자는 전체 응답자 중 해당 응답자의
백분율). 예술(21%), 자연(18%), 성교(17%), 종교(10%), 창조적 작업
(5%), 운동(5%), 아름다움(4%), 과학적 지식(3%), 추억과 명상(3%),
분만(3%), 시(1%) 그리고 기타(9%) 순이다.

인간은 여러 가지 방법으로 황홀감을 경험하려 한다. 솔로몬은 인
간이 어떤 방법으로 황홀감을 가져야 할 것인가에 관해 아주 중요한
조언을 하고 있다(Solomon, 1980).

어떤 종류의 황홀감을 택할 것인가 솔로몬은 약물을 통해서 황홀감을 가지려는 사람은 아주 불행한 반면, 힘든 스포츠를 통해 황홀감을 가진 사람은 행복해진다고 말한다. 그는 그 이유를 반대과정이론으로 설명하고 있다. 반대과정이론이란 쾌락이 고통으로 바뀌고 고통이 쾌락으로 바뀌는 경향이 있음을 시사한다.

사랑에 빠지면 우리는 깊은 기쁨을 경험한다. 그러나 점점 더 많은 시간을 연인과 같이 보냄에 따라 점차적으로 만남의 기쁨은 감소한다. 그리고 우리는 상대방을 당연히 있어야 할 존재로 생각한다. 동시에 상대방에 대해 처음 가졌던 그 정열이 다시 느껴지지 않고, 그러다 하찮은 일로 서로에게 상처를 준다. 만일 갑자기 서로 같이 있을 수 없으면, 상실의 고통을 맛보게 되고 절망한다. 이런 경우가 기쁨이 슬픔으로 쉽게 바뀔 수 있는 예가 된다.

사랑의 기쁨이 쉽게 슬픔으로 변하듯이 쉽게 고통으로 변하기도 한다. 이에 대한 예는 〈비터 문(Bitter Moon)〉이라는 영화에서 볼 수 있다. 이 영화의 남자 주인공은 여자에게 첫눈에 반하여 사랑에 빠진다. 그는 성적 황홀감에 빠지고 이에 탐닉하다 드디어 새디스트로 변모하게 된다.

마약 중독도 반대과정이론으로 설명할 수 있다. 마약을 복용하면 처음에는 황홀감을 느낀다. 그러나 마약에 중독되면 점차 마약의 양을 늘려야 한다. 그렇지 않으면 처음에 느꼈던 황홀감을 느낄 수 없기 때문이다. 그와 동시에 구토, 오한 및 신체적 고통과 같은 금단현상이 나타난다. 이제 마약에 중독되었기 때문에 황홀감은 더 이상 느껴지지 않고 고통만 따른다. 즉, 마약 중독자는 영원히 고통만 느낄 뿐이다. 이제 마약 중독자는 쾌락을 얻기 위해 마약을 흡입한다기보다 고통을 없애기 위해 마약을 흡입하는 것이다.

반대로 고통이 쾌락으로 변하는 경우가 있다. 스카이다이빙과 같은 스포츠를 생각해 보자. 낙하산을 타고 비행기에서 낙하하는 것은 우리에게 심한 불안과 스트레스를 느끼게 한다. 그래서 초보 훈련생들은 처음 스카이다이빙을 할 때 심한 불안과 공포를 경험한다. 그들은 비행장에서 출발할 때부터 심한 불안에 떨고, 비행기에 올라타면 불안이 최고조에 달한다. 그래서 어떤 사람은 포기하기도 하지만 대부분 이를 참는다. 비행기 문이 열리고 낙하 명령이 떨어지면 초보자들은 공포가 절정에 이른다. 우여곡절 끝에 그들은 낙하하고 무사히 대지에 착륙한다. 그다음부터 훈련생들이 스카이다이빙을 준비하는 과정에서 불안과 공포를 느끼는 시간은 점차 짧아진다. 이제 자신감이 생겼기 때문이다. 스카이다이빙을 한 횟수가 많아지면 마음의 여유도 생겨 공중비행을 만끽한다. 즉, 황홀감을 느끼는 시간이 점차 길어진다. 이렇게 해서 스카이다이버들은 마약 중독자가 겪는 과정의 정반대 과정을 거친다. 즉, 고통으로 시작한 고공낙하가 점차 황홀감으로 바뀐 것이다. 그래서 스카이다이버들은 황홀감을 점차 만끽하고 행복감을 느낀다.

슬픔 슬픔은 우리 마음을 아프게 하기 때문에 부정적인 정서다. 그러나 슬픔을 부정적 정서가 아닌 긍정적 정서로 보는 학자도 있다. 그 이유는 슬픔은 타인에게 도움을 청하는 신호로 받아들여져서 우리가 도움을 받게 되기 때문이다. 동물이나 조류는 아프거나 슬플 때 애처로운 표정과 함께 구조의 소리를 낸다. 새끼 늑대가 곤경에 빠져 구원의 소리를 낸다면 이 소리를 들은 어미나 동료들은 재빨리 달려가 새끼를 구한다. 그래서 슬픔은 생존을 돕는 기능을 하며 그런 의미에서 부정적 정서가 아니라 긍정적 정서라고 주장하는 것이다. 이는 인간의 경우에도 마찬가지다. 우리는 가족이나 친구가 슬픈 표정을 지으면 관심을 갖게 되고 도움을 주려고 다가선다.

슬픔은 주로 상실에서 초래된다. 우리는 물질적으로 손해를 보거나 애인과 이별하면 슬퍼진다. 흔히 우울과 슬픔을 혼동하는 사람이 많다. 우울은 슬픔과 더불어 분노가 합쳐져 나타난다. 즉, 우리가 취업이나 진학에 실패하면 슬프기보다 우울해지는데, 그 이유는 슬픔과 분노가 겹쳐서 나타나기 때문이다. 슬픔은 강하게 느껴지고 짧게 지속되나 우울은 비교적 강도가 약하고 오래 지속된다.

최근 우리나라 배우들의 자살이 눈에 띄게 증가하고 있다. 그들의 자살 원인은 다양하지만 몇 가지 공통점이 있다. 인기의 급작스러운

추락, 인터넷의 악성 댓글로 인한 우울증이 주된 원인이다. 금전상
상실, 애정 상실, 인기 상실 등은 우리에게 슬픔을 가져다주는데, 만
약 이를 만회할 수 없다고 생각하면 우울증이 생긴다. 우울증이 깊
어지면 자살까지 감행한다.

자살은 한 번의 시도로 끝나는 것이 아니다. 자살을 시도하는 사
람은 소위 심리적 유언을 한다. 죽고 싶은 마음을 주변 사람에게 호
소하는 것이다. 그러나 대부분의 주변 사람들은 이를 가볍게 생각하
고 무시한다. 주변 사람에게 도움을 청했는데도 관심을 가져 주지
않으면 자살하려는 사람은 절망하여 결국 진짜로 자살을 감행한다.
자살은 본인에게도 불행한 일이지만 가족과 친구에게 일생 동안 지
울 수 없는 깊은 상처를 남긴다. 자살한 사람을 도와주지 못했다는
자책감이 남은 이들의 평생을 따라 다닌다. 따라서 자살하려는 사람
의 심리적 유언 행동을 간파하고 이를 미연에 방지하는 혜안이 필요
하다.

호기심과 성적 욕망 저자는 호기심과 성적 욕망을 생존 및 발달
관련 정서에 포함시켰다. 성적 욕망을 생존 관련 정서로 간주한 이
유는 성적 욕망이 있어야 종족번식이 가능하기 때문이다. 성적 욕망
은 동기지만 이는 강력한 정서를 수반한다. 즉, 우리는 성행위를 할
때 극도의 쾌감과 희열을 경험한다. 성적 만족이 이렇게 강렬한 쾌

감을 가져다주기 때문에 많은 사람이 성행위에 몰두하는 것이다.

성충동은 사춘기 때 신체 변화와 성호르몬 분비에 따라 왕성해진다. 많은 청소년들이 억제할 수 없는 성충동 때문에 괴로워한다. 그리고 적지 않은 청소년이 자위를 통해 성충동을 해결하는데 이를 부끄럽게 여기는 경우 정서적 장애가 생긴다.

앞 장에서 양 부모를 토막 살해한 A군에 관해 이야기했다. A군은 중학교 때부터 일기를 꼬박꼬박 써 왔다. 저자는 그가 중학교 때 쓴 일기책을 살펴보았는데 일기 맨 뒷장에 달력이 있고 그 달력에 수많은 동그라미가 그려져 있는 것을 발견했다. 저자는 옥중에서 그를 만나 그 표시가 무엇인가 하고 물었다. 그랬더니 그는 머리를 긁적이며 자위한 날이라고 대답한다. 표시한 날짜를 세어 보니 거의 3일에 한 번씩 자위를 했다. 부모로부터 받은 스트레스와 학업 스트레스 때문에 그는 자위에 탐닉했다. 그리고 이를 억제하지 못한 자신을 저주했다.

A군은 자신의 키가 고등학교 3학년이 되어도 중학교 때의 키인 163센티미터에 머물고 만 것이 잦은 자위 때문이라고 판단하고 스스로를 무척 저주했다. 똑똑해서 이른바 명문 대학교에 진학한 그가 반인륜적 살인 행위를 저지른 데에는 여러 가지 원인이 있다. 그중 하나는 자위행위를 자주하고 이를 자책하여 심한 열등감에 사로잡힌 것이라고 본다.

성적 쾌락에 너무 연연하면 비뚤어진 성행위로 발전하고 심지어
는 성 중독에 빠질 수 있다. 영화 〈비터 문〉에서 주인공이 우연히 만
난 여성과 한눈에 반해 성적 쾌락에 도취하는 장면을 볼 수 있다. 더
큰 성적 쾌감을 얻고자 그들은 비정상적 성행위도 마다하지 않는다.
마침내 남자 주인공은 자기 연인을 학대하는 새디스트로 변모한다.
결국 두 사람은 성적 쾌락 때문에 삶을 망치게 된다.

호기심을 발달 관련 정서에 포함시킨 이유는 동물이나 사람이 태
어나자마자 왕성한 호기심을 갖기 때문이다. 호기심은 새로운 것을
찾아보려는 동기지만 이 동기는 그 추구 과정에서 희열을 느끼게 한
다. 그리고 이 호기심이 잘 발달하면 어린아이는 자신감을 갖게 되
고 활동적이 된다. 부모가 영아의 호기심을 격려해 주면 영아는 커
서 세상만사에 깊은 관심을 갖고 작업에 골몰한다. 즉, 호기심은 성
취동기의 깊은 토대가 된다.

우리나라의 학교교육은 암기 위주의 입시 공부로 이루어지기 때
문에 학생들이 호기심을 발달시키지 못한다. 학생들의 호기심을 자
극해 주어야 공부에 대한 강렬한 의욕이 발동한다. 에디슨은 기계에
관심을 가졌고, 파브르는 곤충에 흥미를 느꼈으며, 갈릴레오는 별에
관심을 가졌기에 그들 모두가 위대한 과학자가 될 수 있었다. 호기
심은 어려서부터 부모가 키워 주어야 한다. 호기심은 지능보다 더
중요한 능력이다. 그리고 호기심을 추구하는 과정에서 우리는 몰입

과 흥분을 느끼게 된다(이훈구, 2008).

생존 및 발달 관련 감정에서 우리는 많은 것을 배울 수 있다. 두려움, 분노, 슬픔은 부정적 정서이기는 하지만 어느 정도 우리의 생존에 도움을 준다는 사실이다. 그리고 호기심도 우리가 가꾸어야 할 정서다. 반면, 기쁨은 거기에 너무 집착하면 오히려 해가 된다는 것을 알 수 있다. 황홀감을 추구하는 것은 우리 모두가 바라는 것이다. 그러나 성적 탐닉, 음주 및 약물 탐닉 등은 모두 그 반대 효과를 가져오기 쉽다. 솔로몬이 지적한 반대과정이론은 우리가 무리하게 황홀감을 좇다 보면 그 반대의 정서를 경험하기 쉽다는 것을 보여 준다. 반대과정이론은 우리가 황홀감을 맛보려면 아슬아슬한 스포츠를 즐기는 것이 더 좋다는 것을 역설하고 있다.

성취 관련 감정

높은 산을 힘겹게 등산해 본 적이 있는가? 기진맥진하여 가쁜 숨을 내쉬며 드디어 최정상에 올랐을 때 우리는 '마침내 해냈다'는 강한 자부심과 함께 희열을 느낀다. 즉, 어떤 어려운 목표를 달성했을 때 기쁨, 자부심 그리고 성취감을 느낀다. 이런 목표를 달성하는 과정에서 삼매경에 빠지는데, 이를 몰입이라고 한다. 몰입이란 우리가

하는 일에 몰두하여 자신을 잃고 그 일에 집중하게 되는 상태를 말
한다. 한 작곡가는 몰입의 상태를 다음과 같이 보고했다(이훈구,
2008 재인용).

> 나는 작곡에 들어간 후 주위를 완전히 망각했다. 전화벨이 울릴
> 수도 있고, 초인종이 울릴 수도 있고, 또 집이 화재로 타 버릴 수도
> 있을 것이다. 그러나 내가 작업을 시작할 때는, 외부 세계와 완전
> 히 차단된다. 내가 일을 중단하면 외부 세계가 다시 나의 의식 속
> 에 들어온다.

일 삼매경에 빠진 사람은 행복한 사람이다. 그 순간에는 온갖 세
상일을 망각하기 때문이다. 이 몰입 과정은 마치 최면에 걸린 것처
럼 자기 자신과 세상을 잊고 하는 일에 푹 빠지게 만든다. 이런 상태
는 여러 가지 활동에서 나타난다. 예를 들면, 마라톤이나 테니스 등
의 스포츠, 바둑이나 장기 등의 게임, 그리고 예술 활동이나 연구 등
의 창조적 활동 등에서 나타난다. 성공이나 성취를 이루어 희열과
자부심을 느끼는 사람은 행복하다. 그런 사람은 이런 긍정적 정서
때문에 신이 나서 더 열심히 노력하기 때문이다.

그러나 세상일이 모두 내 맘대로 돌아가지는 않는다. 그리고 모든
사람이 다 성공하는 것은 아니다. 성공하는 사람보다 실패하는 사람

이 더 많다. 실패하는 경우 우리는 우울함, 자신감 결여, 의기소침함 등을 겪는다. 그런데 이런 부정적인 감정은 큰 사업이나 연구를 하는 사람만 겪는 것이 아니다. 일반인 누구나가 일상생활에서 실수하고 실패하며, 사소한 일 때문에 우울해지고 의기소침해진다. 다시 말해서 평범한 일반인과 청소년들이 우울함, 자신감 결여, 의기소침함 등을 자주 느끼는 것이다. 평범한 사람들이 겪는 의기소침의 원인에 관해서 살펴보기로 한다.

우울의 원천 히긴스는 사람이 자기 자신에 관해 두 가지 개념을 갖는다고 주장한다(Higgins, 1989). 하나는 이상적 자기(Ideal self)로서 자신이 되고자 하는 이상적(理想的) 자기 모습이다. 다른 하나는 실제적 자기(Actual self)로서 자신이 현재까지 쌓아 온 자기 모습이다. 예를 들어 보자. 청소년들은 누구나 공부를 잘하기를 바란다. 즉, 이상적 자기로서는 우등생이 되고자 한다. 그러나 학생들 대부분은 우등생이 되지 못하고 성적이 낮다. 즉, 실제적 자기 모습은 중간 성적의 학생이다. 어떤 학생이 성적이 부진하면 실제적 자기와 이상적 자기 간에 괴리가 생긴다. 이런 괴리가 생기면 앞서 말한 것과 같은 자신감 저하, 의기소침함 등이 발생한다. 그런데 지금까지의 이야기는 일반인들도 잘 알고 있는 내용이다. 그러나 실제로 이 같은 일이 발생하는지 히긴스는 실험을 통해 이를 입증했다.

히긴스는 실험을 하기 수 주일 전에 대학생들에게 자기-자기 설문지(Selves Questionnaire)를 나누어 주었다. 이 설문지는 이상적 자기와 실제적 자기를 측정할 수 있는 문항으로 구성되어 있다. 예컨대, 자기가 원하는 것이 무엇이고 그것이 실제로 이루어졌는가를 물었다. 이 설문 결과를 토대로 각 학생들의 실제적 자기-이상적 자기 간의 괴리를 계산했다. 즉, 실제적 자기 점수에서 이상적 자기 점수를 뺀 것이다. 그러고 나서 이 대학생들을 대상으로 실험을 했다. 한 집단의 학생들에게는 긍정적인 사건이 일어나는 것을 상상하게 했다. 예컨대, 시험에서 A학점을 받았다 등과 같은 사건이다. 반면 다른 집단에게는 부정적인 사건, 예컨대 시험에서 D학점을 받았다고 상상하게 했다. 그리고 이 실험을 하기 전과 후에 학생들의 감정과 글씨 쓰기 속도를 조사했다. 연구의 가정은 A학점을 받은 것으로 상상한 학생들은 자신감의 저하를 갖지 않는 반면, D학점을 받은 것으로 상상한 학생은 자신감의 저하를 가질 것이라는 것이다. 〈표 2〉

〈표 2〉 '실제적 자기-이상적 자기' 간의 괴리 점수와 긍정적 사건, 부정적 사건을 경험한 후에 가진 감정유형 간의 상관

실제적 자기-이상적 자기	긍정적 사건		부정적 사건	
	자신감 저하	불안	자신감 저하	불안
	.17	.13	.39***	-.33**

*** p < .01, ** p < .01.

에 이를 증명하는 결과가 나타나 있다.

〈표 2〉의 결과를 살펴보자. 자기상(像)의 괴리(이상적 자기와 실제적 자기 간의 괴리)가 긍정적 사건을 경험할 때는 부정적 정서, 즉 자신감 저하와 불안이 발생하지 않았다. 즉, 두 점수 간에 상관이 자신감 저하와는 .17, 불안과는 .13으로서 상관이 없는 것으로 밝혀졌다. 반면 부정적 사건, 즉 실패를 경험하는 경우 부정적 정서가 발생하여 자신감이 저하되었다. 즉, 이 둘 간의 상관관계는 자신감 저하와 .39로서 통계상 아주 의미 있는 상관을 보인다. 그런데 불안과의 상관관계는 마이너스의 상관을 보였다. 이 결과는 우리의 성취와 관련한 자기상(像)의 괴리가 불안이라는 정서와는 관계가 없음을 시사한다. 자기상(像)과 관련해 불안이 나타나는 경우는 성취 문제가 아니라 도덕적인 문제 때문인데 이에 관해서는 다음 부분에서 언급할 것이다.

히긴스의 연구는 우울증, 자신감 결여 등의 정서가 어떤 사람에게 어떻게 발생하는가를 잘 설명해 준다. 우리 각자는 성취와 관련해 이상적인 자기와 실제적인 자기를 머릿속에 그려놓고 있다. 그런데 이 두 자기상(像)에 괴리가 나타나기 쉽다. 이 괴리는 우리가 어떤 일에 성공할 경우는 아무런 문제가 생기지 않는다. 그러나 실패할 경우는 자신감의 결여, 즉 우울증을 초래하게 만든다.

도덕 관련 감정

우리는 나쁜 짓을 하면 죄책감과 수치심을 느낀다. 물론 동물에게는 이런 것이 없다. 죄책감과 수치심은 고등동물인 사람만이 느끼는 정서이고 도덕과 관련된 정서다. 이 외에 우리가 도움이 필요한 사람이나 약자에 대해서 갖는 동정심도 도덕적 정서다.

동정심은 연민, 감정이입 등을 통해 발생한다. 인간 이외에 다른 고등 척추동물도 동정심을 갖는다. 부상당한 동료를 보살피는 이타행동이 코끼리, 사자, 고래, 침팬지 등과 같은 척추동물에게서 나타난다. 그러나 보다 더 깊고 광범위한 동정심은 인간에게서만 나타난다. 먼저 불안을 살펴본 후에 동정심에 대해 생각해 보기로 한다.

불안의 원천 앞에서 언급한 것과 같이 에버릴은 도덕적 수치심이 인간 생존에 필수적이라는 아주 재미있는 논리를 전개했다. 그의 논지는 한 사회 또는 국가는 그 구성원이 도덕적 수치심을 느낄 수 있어야만 지속할 수 있고 만일 그렇지 않으면 그 사회는 망한다는 것이다. 로마는 귀족들의 여러 가지 탐욕과 성, 특히 동성 간의 성행위 등으로 사회가 문란해진 결과 망하고 말았다. 따라서 에버릴의 주장은 전혀 근거가 없는 것이 아니다.

도덕이란 무엇인가? 도덕의 범위는 상당히 넓다. 좁은 의미의 도덕은 사회질서, 안녕을 유지하는 것과 관련되어 있다. 법을 어긴 사람은 사회질서를 유지하기 위해 처벌을 받는다. 그러나 도덕이 반드시 법과 연관되어 있는 것만은 아니다. 넓은 의미의 도덕에는 인간관계에서 지켜야 할 예의, 규범, 기대 등 모두가 포함된다. 예를 들어 보자. 한 사회의 일원으로서 우리는 마땅히 지켜야 할 불문율이 있다. 자식으로서 우리는 부모에게 효도하고 열심히 공부해야 한다. 직장인으로서 우리는 동료와 협동하고 열심히 일해 생산성을 높여야 한다. 이런 사회의 기대, 규범, 예의 등은 우리가 지켜야 할 도덕적 의무다.

히긴스는 우리가 갖는 도덕적 의무를 수행하는 과정에서 자기 괴리가 생긴다고 주장한다. 우리의 부모, 형제, 친구들은 우리가 자기들에게 해 주기를 바라는 그 무엇이 있다. 즉, 우리에게 여러 가지를 기대한다. 그리고 우리는 이 기대를 저버리지 말아야 한다. 이것이 바로 도덕적 의무이고 내 쪽에서 보면 내가 수행해야 할 이상적 의무다. 그리고 실제 내가 그들이 원하는 것을 실천했는가의 여부는 바로 나의 실제적 의무가 된다. 히긴스는 이상적 의무와 실제적 의무 간의 괴리가 생길 수 있다고 말했는데, 만일 부모나 친구가 기대한 것을 내가 수행하지 못한 경우에 이러한 괴리가 발생한다. 히긴스는 의무 간의 자기상(像)에서 괴리가 생기면 불안이 생길 것이라고 가정했다. 그리고 이 가정을 실험으로 증명해 보였다.

히긴스가 실험한 방법은 앞의 성취에 관련된 자기상(像)의 괴리에서 실험한 것과 동일하다. 즉, 그는 실험하기 수 주일 전에 대학생들에게 자기 설문지를 나눠 주었다. 이 설문지에는 부모가 자신에게 바라는 것을 적게 하여 의무상의 이상적 자기를 채점했다. 더불어 그가 이 의무를 얼마나 수행했는가를 표시하게 했다. 그래서 얻은 점수가 의무상의 실제적 자기다. 히긴스는 이 설문지 점수를 토대로 의무상의 자기 괴리 점수를 채점할 수 있었다. 즉, 의무상의 실제적 자기 점수에서 의무상의 이상적 자기 점수를 뺀 것이다. 그리고 이들을 대상으로 실험을 했다. 한 집단에게는 자신이 부모가 기대한 것을 수행하지 못한 부정적 사건을 상상하라고 한 반면(부정적 사건 경험 집단), 다른 집단에게는 자신이 부모가 기대한 것을 제대로 수행한 사건을 상상하라고 지시했다(긍정적 사건 경험 집단). 그런 후 이들에게 감정 질문지를 나누어 주고 표시하게 했다. 조사 대상 학생들이 나타낸 의무상 자기상(像)의 괴리 점수와 감정 간의 관계를 분석한 결과가 〈표 3〉에 제시되어 있다.

〈표 3〉을 보면 의무상의 자기상(像)의 괴리 점수는 부정적 사건(즉, 부모가 기대한 것을 자신이 실행하지 못한 경험)을 경험한 경우 불안과 깊은 상관이 있는 것으로 나타났다(상관계수=.46). 이 결과는 우리가 도덕적인 의무를 다하지 못한 경우에 불안이란 정서를 느낀

〈표 3〉 의무상의 '실제적 자기-이상적 자기' 괴리점수와 긍정적 사건, 부정적
 사건을 경험한 후에 가진 감정 유형 간의 상관

실제적 자기-이상적 자기	긍정적 사건		부정적 사건	
	자신감 저하	불안	자신감 저하	불안
	.05	.26*	−.04	.46***

다는 것을 시사한다. 왜 도덕적 의무를 다하지 못하면 불안을 느끼
는가? 바로 처벌을 염려하거나 수치심을 느끼기 때문이다.

　이로써 히긴스는 실험을 통해 도덕적 의무상의 괴리가 부모나 친
구에게 의무를 다하지 못했을 때 우리에게 불안을 가져다준다는 것
을 실험으로 증명했다. 히긴스는 이 두 실험을 통해 우리의 두 가지
중요한 정서, 즉 우울과 불안이 그 원천이 각기 다르다는 것을 증명
했다. 즉, 성취상의 자기상(像)의 괴리는 우울 정서를 유발한다. 반
면, 의무상의 자기상(像)의 괴리는 불안을 유발한다. 의무상의 괴리
는 도덕적 수치심과 관련되어 있는데, 이는 불안을 야기한다.

　물론 모든 우울이 성취상의 괴리에서 생기고 모든 불안이 도덕적
의무상의 괴리에서 생기는 것은 아니다. 앞에서 설명한 것과 같이
우울증은 근본적으로 상실에서 비롯된다. 즉, 우리는 재산, 지위 그
리고 애정의 상실을 겪게 되면 우울해진다. 그리고 불안의 원인도 다
채롭다. 프로이트는 표현할 수 없는 성적 욕망, 적개심 등이 대상 없
이 떠도는 듯한 불안(Free floating anxiety)을 야기한다고 주장한다.

그러나 히긴스의 연구는 직접 실험을 통해 우울과 불안이 생길 수 있는 조건을 확인했다는 점에서 중요하다.

동정심 남을 돕는 행동, 즉 이타 행동은 우리가 도움을 필요로 하는 사람에게 연민의 감정을 가져 동정심이 생길 때 발생한다. 따라서 동정심은 이타 행동에 필수적인 요소다. 심리학자들이 이타 행동에 개재하는 여러 가지 상황 변인 등을 많이 연구했다. 예컨대, 우리가 어떤 경우에 남을 도와주는가를 연구했는데, 이타 행동이 발생하려면 우리가 먼저 도움이 필요한 사람을 인식하고 그다음 그를 도울 능력이 있는지, 또 주위에 나 외에 도와줄 사람이 있는지 등을 감안하는 것으로 밝혀졌다. 내가 타인을 도울 능력이 있고 도와줄 사람이 막상 나 혼자뿐이라면 우리는 대개 남을 돕는다. 그러나 막상 어떤 성품의 사람이 남을 돕는가에 관한 연구는 그리 많지 않다.

2001년 일본은 지하철 역에 떨어진 사람을 구하고자 자기 몸을 던진 이수현 씨 사건으로 전국이 떠들썩했다. 내국인도 아닌 외국인이 자신을 희생하면서 남을 돕는 광경을 목격하고 일본 사람들이 감명을 받은 것이다. 이수현 씨의 행동은 전형적인 이타 행동이다. 그의 이타 행동 이면에는 인간에 대한 깊은 연민과 동정심이 짙게 깔려 있다.

미국의 한 사회심리학자는 나치정권 시절에 많은 유태인을 도와준 사람들을 면접해 남을 돕는 사람의 성격 특징, 성장 환경 등을 조사했다. 조사 결과, 남을 도와주는 사람은 대개 종교를 갖고 있었고, 어렸을 때 부모에게 사랑을 많이 받은 사람들이었다.

동정심은 어려서 부모에게 사랑을 많이 받고 부모와 애착이 잘된 사람에게 발달하는 감정이다. 사랑을 받은 사람은 남을 사랑할 줄 알아서 도움이 필요한 사람에게 동정심을 베푼다. 어려서 고생을 많이 한 사람들이 자선을 베풀고 동정을 하는 경우가 많다. 과부 사정은 과부가 안다는 식으로 어렵게 살아온 사람들이 어려운 사람들의 처지를 잘 이해하기 때문이다.

동정심의 반대는 남을 학대하는 것이다. 서비스업에 종사하는 30명가량의 여성을 잔인하게 살해한 B씨의 경우를 보자. 그는 부모의 불화로 어렸을 때 생모와 이별하고 재혼한 아버지와 계모 밑에서 온갖 천대를 받으며 살았다. 그래서 부모로부터 사랑을 받지 못하고 애정에 굶주렸다. 그는 중학교 때부터 싸움을 일삼았고 주먹으로 다른 아이들을 제압했다. 의외로 그림 그리는 데 소질이 있어 예술고등학교를 지망했으나 색맹 때문에 화가의 꿈은 산산이 부서졌다. 자포자기하여 골방에서 자기 세계에 빠져 있던 B씨는 작은 절도부터 시작해 점차 본격적으로 범죄 세계에 발을 들여놓게 된다. 잠시 동거했던 여성이 결별을 요구하자 그녀에 대한 복수심에 불타올라 잔인한 살인 계획을 세웠다. 그래서 동네 개를 잡아 여기저기 칼로 찔러 보아 급소가 어딘가를 파악했다. 결국 그는 100명을 연쇄살인하기로 계획을 세웠고, 약 30명의 무고한 생명을 잔인하게 빼앗았다. 살려 달라고 발버둥 치는 여성을 무참하게 살인하고 시신에서 장기를 빼내어 이를 먹기도 했다.

이렇게 잔인한 연쇄살인범을 보면 그들의 성장 환경은 하나같이 정신적으로 황폐했다. 어려서 부모로부터 진실된 사랑을 받아 보지 못하고 사람들과 격리되어 자기만의 세계에 고립되어 있었다. 따라서 이들에게는 다른 사람에게 연민을 갖고 동정심을 갖는 능력이 발달하지 못했다. 부모의 사랑, 가족 간의 사랑은 우리에게 타인을 사랑하고 배려하는 방법을 가르쳐 준다. 이것이 부족하면 우리는 남을 불신하고 학대한다.

성격 관련 감정

슬픈 감정이 오랫동안 지속되면 우울증으로 발전되는데, 이 우울증은 일종의 정서장애이며 성격의 일부가 된다. 비단 슬픔뿐만 아니라 두려움, 화 등도 기분에 영향을 주고 이 감정이 오래 지속되면 성격과 정신건강에 해를 끼친다. 즉, 두려움과 화가 과도하게 느껴지고 통제하기 어려워지면 정서장애로 발전한다. 정서장애에는 주로 슬픔, 우울증이 많이 나타나지만, 이와 반대로 기고만장하고 자신감이 실제 이상으로 높아지는 경우도 발생한다. 이런 정서장애를 가진 사람을 '조(躁)'증 환자라고 부른다. 조울증 환자에게는 조증과 이와 반대인 '울(鬱)'증이 번갈아 가면서 나타난다. 그러나 조울증의 발생률은 극히 낮다. 사실은 조울증 환자라고 생각하는 사람들의 대부분은 울증 환자에 불과하다.

감정은 우리의 성격에 큰 영향을 준다. 예컨대, 낙천성이나 외향성 등은 기쁨을 만끽하고 즐거운 생활 태도를 가진 사람들이 갖는 감정이다. 이와 반대로 비관적이거나 내향적인 성격의 사람들은 외롭고 슬픈 감정을 갖는다. 내향적 성격, 비관적인 태도가 반드시 고쳐야 할 성격이나 태도는 아니다. 학자나 연구자, 예술가 중에는 내향적 성격을 가진 사람이나 염세적 생활 태도를 가진 사람도 많다.

우울증, 분노, 공포가 해소되지 않고 오래 지속되는 경우, 이것이 한 사람의 성격 특징으로 발전되어 정서장애자 및 성격장애자로 발전된다. 성격장애자의 한 예를 들어 보자. 다음 글은 저자에게 상담을 요청해 온 한 여학생이 인터넷 상담란에 올린 내용이다. 일부분을 삭제하고 옮긴다.

안녕하세요?

정신과에 가서 상담을 받고 싶은데 경제적으로도 그렇고 이것 저것 신경이 많이 쓰여 망설이다가 이 사이트를 추천받아 글을 남 깁니다.

제가 생각하기에 제가 좀 다른 사람보다 유별난 구석이 있는 거 같아요. 몇 가지 제 행동들을 말씀드릴게요. 제가 남자친구를 사귀 었는데요. 남자친구에게 우리 학교에 아는 여자 이름을 대 보라고 했어요.

그랬더니 "○○(제 친구)……□□(제 친구)……아 맞다, 너!" 이렇게 대답을 하길래 화가 났어요. 제 이름이 첫 번째로 나오지 않았으니까요. 진짜 너무 화가 났어요. 이런 식으로 사소한 거에 엄청 서운하고 화가 나요. 남들은 이해 못하는 부분이에요.

그리고 말도 잘 통하고 엄청 좋은 사람이었는데 만나고 집에 가 느라 헤어졌는데 30분 동안 연락이 없어요. 그래서 그 30분 동안 네 가지 생각을 했습니다.

1. 헤어진다.

2. 남자친구의 친구와 사귀어 버린다(그 친구가 절 좋아했거든 요.).

3. 아무도 안 만난다.

4. 아무나 아무렇게 만난다.

또 하루 동안 연락을 안 하는 거예요. 그래서 헤어지자고 했습니 다. 알고 보니 그 사람 핸드폰이 고장났더라고요.

그리고 자꾸 생각이 너무 많이 바뀝니다. 저 스스로에 대해서
도……. 제 미래나 주위 사람들에 대한 평가요. 제가 엄청 친한 친
구가 있는데 진짜 잘 지내다가도 제가 만나자고 했는데 거절하면,
'아, 얘는 진짜 안 되겠다. 꼴도 보기 싫다. 얘한테 뭐 하자고 절대
안 해야지.' 이러고 있어요. 그러다가 좋은 행동 보면 또 '아, 얘밖
에 없구나.'이래요.

그리고 대학교를 선택하는데…… 제가 수능을 보면 수도권에
갈 성적이 되었어요. 근데 집에서 반대하는 거예요. 의견충돌 일어
나고…… 그래서 막 울면서 그냥 현 지역의 하위권 대학교에 수시
넣었어요. 짜증 나서요.

또 저를 망치는 행동들을 해요. 자살 시도는 말할 것도 없어요.
특히 내가 저질러 놓고도 믿기 싫은 일이면 그냥 죽고 싶어요. 그
런 식으로 몇 번이나 칼로 찔렀는지 몰라요.

먹고 토하는 것도 너무 많이 해서 이도 아팠고…… 몸이 엄청 붓
기도 했었고 탈모도 왔었고요. 미성년자인데도 무절제한 음주와
성생활을 했어요. 일주일이면 일주일 다 마실 때도 있었고 취해서
못 가눌 정도로까지 마시는 게 다반사예요. 또 처음 알게 된 남자
를 부모님 안방에 계시는데 몰래 제 방으로 데려와 관계하고 그게
들켜서 약 1년을 집에 갇혀 살다시피 하고 있어요. 막 뭐만 하면 죽
고 싶다 이런 생각 엄청 많이 들구요. 많이 내뱉기도 해요.

그리고 버려지는 거? 상처받는 거? 이런 게 너무 두렵고 싫어요.
그래서 마음 안 주려고 엄청 노력하구요. 좋아하는 사람이랑 사귀

어도 몰래 바람 피워요, 꼭. 몸도 마음도 다 힘들어도 거의 아무나 계속 다 만나요.

주위 사람들이 절 보면 아슬아슬하게 사는 사람 같다고 해요. 그리고 극단적이고, 좀 감정적이고, 충동적이고, 우울하고, 불안한 면이 많은 거 같다고……. 그리고 벽이 느껴진다고…… 이런 말을 많이 해요. 제 모든 게 우울한 건 아니에요. 장난도 잘 치고 농담 잘 하고 그러거든요. 근데 얘기를 해 보면 좀 그런가 봐요. 특히 감정적, 극단적, 충동적 면들은 제가 스트레스 많이 받을 때 심하게 나타나요. 저도 저를 주체할 수 없을 때가 있으니까 너무 힘이 들어요. 그리고 그런 면들 때문에 많이 힘들고 불편하기도 하고…….

아…… 근데 저한테 이런 행동들이 나오게 된 건 성장 과정도 많은 영향을 미친 거 같습니다. 열 살 때까지는 조부모님과 살았는데요. 잦은 다툼이 있었습니다. 할아버지는 농약도 마셨고, 할아버지가 할머니를 칼로 찌르려 하는 그런 것도 보았고, 그다음부터 부모님과 살면서도 그리 좋지 않은 가정 형편과 가치관이 너무 달라서 의견충돌이 많았고, 현재 저는 제 부모님을 싫어합니다. 이건 제가 철이 없어서가 아니라 정말 진심입니다. 부모님과 화해하라, 부모님을 용서하라, 그런 말씀을 삼가주시길 간절히 부탁드리겠습니다.

여하튼 누가 저한테 애정결핍과 경계성 성격장애가 있는 거 같다고 상담을 받으면 좋겠다고 이 사이트를 권하더라구요. 그래서 이렇게 글을 남깁니다. 긴 글인데 보아 주셔서 감사합니다.

상담을 의뢰해 온 학생의 병명을 정확하게 기술하면 경계성 성격
장애다. 심리학자들은 성격이 도덕성 및 인품을 제외하고 인간의 순
수한 성격상의 기질(氣質)을 뜻하기 때문에 인격이란 말 대신에 성
격이란 말을 선호한다. 인격은 성격 기질 이외에 인품과 같은 윤리
도덕성의 특징도 망라한다. 이 학생과 같은 경계성 성격장애자는 정
서가 극히 불안하고 대인관계가 수시로 변한다. 불안, 우울, 분노가
심하여 이 세 가지 정서가 번갈아 가며 나타난다. 사람을 적극적으
로 사귀려 하지만 거절당할지 모른다는 불안 때문에 타인과 친밀한
관계를 지속하지 못한다.

경계성 성격장애자는 어려서 부모로부터 충분한 사랑을 받지 못
한 경우가 대부분이다. 그래서 부모와 애착이 형성되지 못해 남을
사랑하지 못하고 의심한다. 이 사례의 피상담자 역시 그런 환경에서
자라났다. 부모와 떨어져 조부모와 살아왔는데 피상담자가 할아버
지와 사이가 좋지 않았다. 할아버지 자신에게도 문제가 있는 것 같
다. 그래서 할머니와 자주 불화를 일으켰으며 자살 기도까지 했다.

일부 학자들은 경계성 성격장애자가 유전적 영향을 받는다고 한
다. 피상담자의 할아버지가 정신분열증상이 있는 것으로 보아 이를
알 수 있다. 그러나 이 병에 더 큰 영향을 주는 것은 유전 자체보다
도 부모와의 관계다. 피상담자는 부모로부터 충분한 애정을 받지
못해 늘 사랑에 굶주려 사랑해 줄 사람을 찾고, 사랑해 주는 사람을

사귀어도 곧 그를 의심한다. 남으로부터 진실한 사랑과 신뢰를 받지 못해 타인을 신뢰하는 능력이 발달하지 못했기 때문이다. 경계성 성격장애자는 상당히 변덕스럽고 의심을 하며 또 감정을 주체하지 못한다. 피상담자는 경계성 성격장애자의 특징을 모두 다 갖춘 환자다.

이 사례의 피상담자는 바로 입원하거나 장기적 약물치료와 상담을 받아야 한다. 그리고 가능하면 가족치료도 병행해야 한다. 저자는 피상담자에게 병원을 소개해 주고 상담을 해 주었다. 그러나 지금 부모와 완전히 단절되어 있고 서로 불신하기 때문에 가족치료가 쉽게 이루어지지 않고 있다. 그래서 치료에 한계가 있었다.

여기에서는 경계성 성격장애만을 설명했다. 경계성 성격장애는 '성격장애'라 일컫는 큰 정신병 분류 목록에 속하는 한 하위 분류명이다. 성격장애에는 이외에도 분열성 성격장애, 히스테리성 성격장애, 반사회적 성격장애, 강박적 성격장애, 편집성 성격장애 등 여러 가지가 있다.

앞에서 설명한 30여 명의 여성을 연쇄살인한 B씨는 반사회적 성격장애자다. 반사회적 성격장애자는 부도덕하고 범죄를 저지르고도 양심의 가책을 전혀 느끼지 않는다. 분노가 많지만 겉으로는 얌전한 사람처럼 행동한다. 사회를 저주하며, 자기가 불운한 것이 모두 사회 탓이라고 푸념하고, 남을 속이는 사기성 범죄를 많이 저지른다.

그 일부는 잔인한 반사회적 범죄자로 발전되기도 한다. B씨가 대표적인 반사회적 성격장애자다.

정서장애를 가진 성격이라고는 볼 수 없지만 화를 벌컥벌컥 잘 내는 성격(Temper tantrum)을 가진 사람, 고집이 세고 남과 타협하지 않는 사람, 비꼬기 좋아하는 사람들이 있다. 이런 사람들의 경우 모두 내면에 정서적 불안이 도사리고 있다. 즉, 채워지지 않은 사랑, 타인으로부터의 거부 등으로 생긴 불안, 적대감이 내부에 깔려 있다. 따라서 정서는 어려서부터 긍정적 정서가 잘 형성되고 부정적 정서는 잘 통제되도록 길들여져야 한다. 그렇지 않으면 이상성격자로, 그리고 종국에는 정신병의 일종인 성격장애자로 발전하게 된다. 우리가 정서를 어떻게 잘 형성하고 다루어야 하는가는 다음 장에서 보다 더 자세하게 언급할 것이다.

사회문화 관련 감정

앞에서 정서는 사회문화에 따라 다르게 발생하고 에스키모인에게는 분노가 나타나지 않는다고 말했다. 에스키모 아동이 공격성 또는 분노를 나타내면 부모가 이를 엄하게 벌하기 때문이다. 그래서 에스키모 사회에는 분노라는 정서가 존재하지 않는다.

루스 베네딕트는 일본 사회를 '수치심의 사회'라고 명명했다. 그 이유는 일본 사람들은 수치를 아주 부끄럽게 여겨, 자기 면목을 잃을 짓을 한 경우에 할복자살하는 사람이 많은 것을 관찰했기 때문이다. 수치심은 인간이면 누구나 느끼는 정서이며 에버릴이 말한 것처럼 한 사회가 멸망하지 않도록 우리를 도와준다. 즉, 수치심은 인간 사회가 생존해 나가는 데 꼭 필요하다(이 장의 '도덕 관련 감정' 참조). 그러나 일본의 경우는 다른 사회보다 수치심에 대한 일반인의 제재가 더 엄격하다. 즉, 절대로 자신의 면목을 상실할 짓을 해서는 안 된다는 불문율이 존재한다. 그리고 수치스러운 짓을 한 사람은 반드시 이를 사과해야 하고 그 책임을 져야 한다. 그래서 일본을 연구한 베네딕트는 일본 사회를 수치심의 사회라고 불렀던 것이다.

한편, 아프리카의 한 부족사회에서는 수치심을 다르게 정의하고 있다. 즉, 남보다 더 재물을 많이 가진 사람이 수치심을 느껴야 한다고 생각한다. 이 부족사회는 공생 공사하는 협동사회다. 그래서 필요 이상으로 많은 재물을 소지한 사람을 부정적으로 본다. 먹을 것이 있으면 당연히 남들과 똑같이 나누어 먹어야 한다고 생각하기 때문이다. 그런 의미에서 필요 이상의 부를 축적한 사람은 지탄을 받아야 하고 창피한 사람이다.

한국인의 정서

한국 사회에서 두드러지게 나타나는 정서는 무엇일까? 어떤 학자들은 정(情)이라고 하고, 또 다른 학자들은 한(恨)이라고 한다. 이제이 두 가지 정서에 관해서 논해 보기로 하자.

정(情) 한국 사람은 정이 많다고 한다. 친구 간의 정, 부모-자녀 간의 정, 사제(師弟) 간의 정, 직장동료 간의 정 등등을 말하는 것 같다. 친밀한 느낌이라고 말할 수 있는 이 정은 우리 사회가 집합적 사회(Collective Society)이기 때문에 나타나는 경향이 많다. 집합적 사회란 개인적 사회(Individualistic Society)와 반대되는 사회다. 집합적 사회에서는 개인보다는 집단이 더 중요시된다. 즉, 개인의 이익과 자유보다는 집단의 이익, 집단에 대한 의무와 충성이 더 중요시된다. 그래서 한국인은 서양인보다 가족, 친척, 친구, 직장동료에 대한 의무와 충성을 더 요구받는다. 그러다 보니 한국인은 서양인보다 가족, 친척, 친구, 직장동료가 서로 다정하게 또 친밀하게 지내는 경우가 많다. 가족, 친구, 임금과의 관계를 중시하는 유교 정신도 한국인의 정 발달에 많은 영향을 주었을 것이다.

물론 서양인도 부모-자녀 간의 사랑, 친구 간의 우정, 직장에서의 동료애가 없는 것은 아니다. 그러나 개인의 자유와 이익이 집단의 것보다 더 우선시된다는 것이 다르다. 미국에서 직장생활을 하는 경우 직장 안에서는 동료끼리 서로 다정하게 지낸다. 그러나 일단 하루 일과가 끝나면 그때는 모두 가정으로 돌아간다. 그리고 모든 사회 활동이 부부 중심으로 움직인다. 그러나 한국의 경우, 직장인들은 동료들과의 인간관계가 일과가 끝나도 지속된다. 즉, 회식이란 명목으로 부서 내의 직원들이 자주 어울려 동료애를 다진다. 미국은 그렇지 않다. 개인주의이기 때문에 업무가 끝나면 바로 집으로 달려가는 것이다. 한국의 직장인처럼 남자들이 우르르 몰려다니면 동성애자가 아닐까 생각하며 이상하게 본다. 미국은 개인주의 사회이기 때문에 그들이 가족, 친척, 동료들에 대해 갖는 충성심, 소속감 등은 한국보다 약하다. 한국 사람은 각자의 가정을 떠나 집안, 친척, 동료들과 자주 어울릴 기회가 많고 그런 과정에서 많은 사람들과 친목하는 경향이 높다. 이런 우리의 집합적 사회의 특징 때문에 한국인은 정이 많다고 외국인에게 각인되는 것이다.

저자는 1975년 하와이에서 매우 놀라운 사건을 경험했다. 어느 날 할레 마노아 기숙사 라운지에 가 보니 한국 성토 세미나가 열리고 있었다. 그해 한국에서는 인혁당 사건이 있었다. 한국 사법부는 이 단체를 공산주의를 옹호하는 이적단체로 규명하고 피고 전원에게 사형을 구형했다. 그러나 삼심재판이 채 끝나기도 전에 피고들이 모두 사형집행을 당했다. 아직 대법원의 판결이 끝나지 않았는데도 불구하고 가족들에게 시신을 인도하라는 통첩이 왔다. 그래서 이 사건은 국제적으로 큰 충격을 주었는데 무엇보다도 재판이 합법적으로 진행되지 않았기 때문이다. 재판이 끝나기 전에 사형이 집행되는 것은 독재국가에서나 가능한 일이다.

이 세미나를 주최한 측은 하와이대학교 내 한국 학생이 주축인 반정부학생단체였다. 이 세미나는 영국 BBC방송이 특집으로 제작한 다큐멘터리 영화를 먼저 시청하는 것으로 시작했다. 그 다큐멘터리는 사형수의 가족들이 대한민국 사법부와 정부의 만행을 규탄하는 울부짖음으로 시작되었다. 인혁당이라는 단체가 간첩으로 구성된 이적단체인가의 여부가 중요한 것이 아니다. 그들은 온당한 재판을 받아야 마땅한데 그렇지 못했다는 것이 큰 오점이 되었고 국제 사회가 이를 질타했던 것이다. 세미나 발표자들은 한결같이 한국을 성토했다. 마지막 발표자는 하와이대학교 정치학과의 페이지 교수였다. 저자는 그도 한국을 맹렬히 비난할 것이라고 지레짐작하고 긴장했다. 그런데 의외로 그는 다음과 같이 말했다.

"여러분이 지금 본 다큐멘터리를 보면 한국은 아주 무식하고 무자비하고 살벌한 나라로 생각하게 될 것입니다. 그러나 나는 한국을 무척 사랑합니다. 한국은 미국에서는 볼 수 없는 인정이 많은 나라입니다. 한국처럼 따뜻하고 인정이 많은 나라는 세계 그 어느 곳에도 없습니다." 그의 말 한마디로 급속히 추락한 한국의 명예가 다소 회복되었다. 나는 페이지 교수의 말을 30년이 더 지난 지금도 잊지 않고 머릿속에 담아 두고 있다.

그러나 한국인의 이러한 집합주의는 가족과 친척에 국한한다는 연구 결과가 밝혀졌다. 즉, 미국 뉴욕대학교의 율만 교수와 저자가 연구한 내용에 따르면, 미국 학생과 한국 학생의 집합주의와 개인 주의는 서로 달랐다(Rhee, Uleman, & Lee, 1996). 한국 대학생의 집 합주의는 자기 가족과 친척에 국한해 이들에게 충성심과 끈끈한 친 밀감을 나타냈다. 그러나 친구나 이방인에게는 개인주의적 태도를 취했다. 미국 대학생들 역시 가족이나 친척에게는 집합주의적 태도 를 보였지만 그 농도가 우리 대학생만큼 짙지 않았다. 반면, 이들은 이방인들에게 친밀감을 표시해 집합적 태도를 지녔다. 저자는 한국 대학생들이 친구나 이방인에게 미국 대학생보다도 더 개인주의적 태도를 보이는 것은 한국 학생들이 일찍부터 학교에서 친구와 경쟁 하고 이방인을 접할 기회가 적기 때문이라고 결론지었다.

한(恨) 그간 많은 민속학자들과 문화비평가들은 한국인의 주된 정서가 한(恨)이라고 말했다. 한이란 분노, 서러움 등으로 표시할 수 있는 정서다. 이들은 과학자가 아니기 때문에 한을 객관적으로 연구 하지는 않았다. 그러나 몇 가지 사실을 간추려 보면 이것이 허무맹

랑한 추측이 아님을 짐작할 수 있다. 첫째, 한국은 역사상 외국의 침략을 많이 받아 왔다. 원, 청, 왜 등의 침입으로 자주 국토를 유린당했다. 특히, 일본에 의해 36년간이란 장구한 세월 동안 강점당했다. 그러니 한국인들의 한이 얼마나 깊었을까를 짐작할 수 있다. 조선시대에는 양천제를 실시해 백성을 양인과 천인이라는 신분계급으로 나누었다. 양반은 자신들의 기득권을 유지하기 위해 양천제의 비공식적 변형 형태인 반상제를 만들었다. 이런 양천제하에서 천인들은 양인의 횡포에 시달렸고 그 시름의 골이 깊었을 것이다. 즉, 많은 대중들이 한국판 카스트 제도하에서 신음했고 그들의 한은 골수에 박혔다. 또 한국은 오랫동안 유교 국가로 존속해 왔다. 유교 국가는 여필종부(女必從夫)와 같은 규범 등으로 여성의 지위를 폄하하는 대신 남성우월주위로 가득 차 있다. 이런 상황에서 여성은 한을 품고 살아왔을 가능성이 농후하다.

이렇게 한국이 성장해 오기까지의 역사적 상황, 사회·정치·문화적 상황을 살펴보면 수많은 사람들이 외국의 압박에 시달리고, 양반에게 뜯기고, 특히 여성은 남성으로부터 홀대를 당해 그 가슴에 한이 서려 있음을 짐작할 수 있다. 그래서 그런지 한국 여성들 중에는 화병이 유독 많다. 화병이란 울화가 치밀고 분노가 심하게 분출하는 병으로 최근 미국 정신병 학회에서도 이 병을 한국 문화에서 특이하게 발생하는 정서장애로 인정하고 있다. 즉, 화병이 한국의 독특한 병으로 세계에서 인정받은 것이다. 이런 한 가지 사실만으로도 한(恨)이 한국인의 대표적인 정서라고 추측해도 큰 무리가 없을 것이다.

열정과 냄비성 정서 어떤 학자들은 한국인의 정서상의 특징으로 열정을 꼽는다. 그 예가 바로 2002년 월드컵에서 나타난 시청 앞 집단응원이다. 이 밖에도 1997년 국제 통화기금 관리체제 당시 전 국민이 금 모으기에 한마음 한뜻으로 뭉쳤는데, 외국인들은 이를 놀라운 시선으로 바라보았다. 저자는 이 두 가지 뜨거운 열정은 한국인이 오랫동안 통일국가를 이루었고 집합적인 사회이기 때문에 가능한 것이라고 생각한다. 즉, 월드컵이나 국가 부도 위기는 다중민족의 문제가 아니었다. 이것이 바로 단일민족인 한민족 자신의 영광과 불행이기 때문에 모두가 열렬히 응원하고 팔을 걷어붙이고 돕기에 나선 것이다. 즉, 한국인이 단일민족이기 때문에 국가 중대사에 모두가 한마음 한뜻이 될 수 있다는 것이다. 그런데 단일민족의식이 잘못 표현되면 내국민 선호와 동시에 이방인에 대한 경계와 차별로 나타난다. 이런 현상이 나타나기 쉬운 또 다른 원인은 앞서 말했듯이 한국인의 따뜻한 정이 가족과 친척에 국한되고 이방인에 대해서는 경계, 차별로 나타나기 때문이다.

한국인이 뜨겁게 달아오르고 또 갑자기 식어 버리는 냄비 성격이라는 말을 살펴보자. 한국인이 쉽게 동요된다는 말인데, 이것은 아마도 집합주의에 영향을 받았을 것이다. 집합주의 사회에서는 집단행동을 중요시하므로 남을 따라하는 대중심리가 팽배하다. 대중심리는 남이 하니까 그대로 따라하는 것이다. 자기의 독자적·이성적 판단과 가치관에 따르는 것이 아니다. 그러다 보니 한국인에게서 냄비식 행동이 자주 연출되는 것이다. 단일민족으로서 강한 연대의식을 갖고 열정적으로 국가 중대사에 열심히 참여하는 것은 좋은 현상이다. 그러나 남이 한다고 무조건 따라하거나 이방인에 대해 이유 없이 차별하는 태도는 자제해야 한다.

마지막으로 한국인의 특징을 이야기한다면 바로 도덕적인 분노가 적다는 것이다. 물론 한국인은 4.19혁명, 6.3민주화운동을 전개해 군사독재를 청산한 위대한 역사를 갖고 있다. 한국인은 독재나 정치부패를 용납하지 않는 용감하고 정의감에 불타오르는 장한 민족임에는 틀림없다. 그러나 일반적으로 우리는 아직 사회정의와 부패에 대해서 외국인처럼 그렇게 단호하지 못하다. 그래서 한국 사회에서는 부정부패가 자주 발견된다. 부정부패 지수로 따지면 부끄러울 정도로 세계적으로 그 순위가 높다. 그 원인은 부정부패에 대한 국민의 분노가 약하고 이를 고발하는 사람이 적기 때문이다. 고발 정신의 부족은 비단 부정부패에 한하지 않는다. 한국인은 범죄에 대한 고발도 극히 낮다. 과거 일제강점기에 일본 경찰이 한민족에게 너무 가혹한 행위를 저질러서 사법기관에 대한 악감정이 높아진 태도가 그대로 잔존해 왔기 때문인지도 모른다. 그래서 갖가지 범죄 현장을 목격하고도 이를 그대로 묵과하고 사법기관에 고발하지 않는 경우가 많다. 이것은 한국이 해결해야 할 중대한 과제다. 에버릴이 말한 것처럼 시민의 준법정신과 도덕성에 문제가 생기면 그 나라는 망한다.

한국이 선진국으로 도약하는 데 꼭 필요한 요소 중 하나는 선진국 수준의 양심성과 투명성이다. 즉, 경제, 정치, 일반 사회 모든 수준에서 부패, 부정, 권력남용이 샅샅이 조사되고 법의 제재를 받아야만 선진국 수준의 경제발전을 이룰 수 있다. 한국은 부정부패가 만연하고 국민과 국가 간의 신뢰가 낮아 이로 생기는 경제적 비용이 막대하다. 미국 펜실베이니아대학교 후쿠야마 교수는 후진국이 지향해야 할 목표가 신뢰라고 말했다. 신뢰는 양심적인 사회, 투명한 사회에 깃드는 정서다. 한국 사회에 이런 신뢰 정서가 조성되려면 사회에서 부정부패가 철폐되어야 하고, 그러기 위해서는 국민의 고발정신이 크게 함양되어야 한다.

＊＊＊＊＊＊

이 장에서는 여러 종류의 감정 또는 정서를 다섯 가지 군집으로 나누어 살펴보았다. 먼저 각 군집에 속하는 대표적 정서를 중심으로 그 정서의 의미와 시사점을 살펴보았다.

그 내용을 통해 여러 가지 정서가 우리 생활과 어떻게 연관이 되어 있는가를 잘 알 수 있었다. 생존 및 발달 관련 감정은 우리의 생존상 필요에 따라 유전적으로 발달시켜 온 것이다. 본래 한두 가지에 불과했던 이 유전적 정서는 인간 사회가 발전하면서 여러 가지로 발전되어 왔다. 예컨대, 성취 관련 감정이란 본래 생존에 관한 감정이 아니었다. 그러나 우리가 남과의 경쟁과 과업 수행을 중요시함에 따라 발전된 정서다. 도덕 관련 감정은 인간 사회가 지속하려면 우리가 꼭 발달시켜야 하고 유지해야 할 정서다. 성격 관련 감정은 우리의 정서가 개인의 성격발달은 물론 정신건강과도 밀접한 관계가 있음을 시사한다. 정신건강을 유지하기 위한 정서관리법은 뒤에서 다시 자세하게 다룰 것이다.

마지막으로 정서는 문화권에 따라 다르게 발달한다. 한국인에게 두드러진 정서가 무엇인가를 조명했고 더불어 한국인이 발전시켜야 할 정서 내용과 그와 관련된 행동지침도 언급했다.

03
감정과 지능

감정과 지능

1장과 2장을 통해서 감정이 무엇이고 감정의 종류에는 어떤 것이 있는가를 살펴보았다. 특히, 1장에서는 감정이 우리 생활에 왜 필요한가를 간단하게 설명했다. 이제 본격적으로 감정이 왜 중요하고 우리가 감정에 대해 잘못 알고 있는 것이 무엇인지 알아보기로 하자.

잘못 이해된 감정관

감정은 여성만이 갖는 것이고 남성은 감정적이 되어서는 안 된다는 이야기는 동서양을 막론하고 회자(膾炙)되어 왔다. 즉, 남성은 감정에 휘둘려서는 안 된다는 이야기인데 정말 그래야만 할까? 우리 주위에는 더러 감정을 표현하지 않는 사람 또는 감정을 전혀 느끼지 못하는 사람이 있다. 특히 남자들이 이러한 경향을 보이는데, 이들은 즐거워도, 슬퍼도, 그리고 화가 나도 늘 같은 표정이다. 이런 사람에는 두 부류가 있다. 한 부류는 남성은 감정적이어서는 안 된다는 교훈 때문에 실상 마음속에서는 격한 감정을 느껴도 이를 얼굴 표정에 전혀 나타내지 않는 사람이다. 즉, 감정을 숨기는 사람이다. 흔히 포커페이스라고 말하는 사람의 얼굴이다. 포커페이스는 좋은 패, 예컨대 카드 석 장을 받았는데 벌써 투 페어 A(two pair ace)를 잡은 경우에도 짐짓 무표정한 얼굴을 하는 것을 말한다. 대부분의 사람들은 이런 경우 기분이 좋아서 얼굴에 웃음꽃이 피기 마련이다. 그런데 포커를 할 때 그런 표정을 보이면 상대방이 알아보고 그만 죽어 버린다. 상대방이 배팅을 하지 않고 죽어 버리면 돈을 딸 수가 없다. 그래서 좋으면서도 짐짓 무표정한 채로 남아 있는 것이 바로 포커페이스다.

그러나 포커페이스는 누구나 다 쉽게 할 수 있는 것은 아니다. 앞에서 살펴보았지만 우리의 기본정서는 우리의 얼굴, 몸짓 그리고 행동에 쉽게 반영된다. 즉, 감정은 자연스럽게 우리 몸에 배어난다. 우리가 이를 숨기거나 반대의 표정을 지으면 그것은 오히려 부자연스러운 표정이 될 수밖에 없다. [그림 11]을 보자. 이 그림은 미국의 닉슨 대통령이 워터게이트 사건이 탄로난 후에 기자들의 질문을 받으

|그림 11| 억지로 웃는 닉슨

면서 억지웃음을 지을 때 보인 표정이다. 닉슨의 얼굴이 반은 웃고 반은 겸연쩍어 일그러진 모습이 되었다.

감정을 드러내지 않는 또 다른 부류는 감정을 전혀 느끼지 못하는 소위 감정부전적(感情不全的)인 사람이다. 앞에서 저자는 교통사고를 당해 목뼈에 이상이 생긴 사람들은 감정을 느낄 수 없다고 말했다. 그런 사람이 감정부전적인 사람이다. 그러나 감정부전적인 사람이 꼭 중추신경계에 이상이 생겼기 때문에 감정을 느끼지 못하는 것은 아니다. 다른 이유로도 감정부전적으로 될 수 있는데, 그런 사람은 심각한 정서장애가 있는 것이다. 임상심리학자들이 발견한 감정부전적인 사람은 타인의 감정은 물론 자신의 감정도 느끼거나 이해하지 못한다. 임상심리학자들이 감정부전적인 사람들의 대화를 녹음해 분석해 본 결과, 이들은 일반적으로 우리가 표현하는 여러 가지 감정, 즉 즐겁거나 화나거나 슬픈 감정 등의 표현은 물론 자신의 신체적인 증상도 정서용어로 표현하지 못한다는 것을 발견했다. 즉, 이들은 자신의 신체적인 증상을 '쑤시다' '아프다'라고 표현하기보다 '맥박이 뛴다' '현기증이 난다'는 식의 신체감각용어로 표현했다. 이들은 슬플 때 잘 울지 않고 기쁠 때 웃지도 않으며, 사람들이 왜 기뻐하는지, 왜 슬퍼하는지를 이해하지 못했다.

어떤 사람이 감정부전적으로 되는가? 뇌의 변연계(limbic system)와 신피질 사이의 신경회로가 끊어진 사람이 이런 증상을 보인다. 변연계는 감정을 느끼는 뇌의 부위이고 신피질은 언어를 담당하는 뇌의 중추다. 심한 간질을 앓는 사람은 간질발작을 줄이기 위해 이 회로를 절단하는 경우가 많다. 이 회로가 끊기면 감정을 전혀 느끼지 못하며 이를 말로 표현할 수도 없다.

우리 주위의 적지 않은 사람들이 감정부전증 환자는 아니라 해도 거의 포커페이스 같은 얼굴을 하고 있음을 볼 수 있다. 그런데 그런 사람들이 점잖아 보이기는커녕 답답한 경우가 많다. 그 사람이 곁에 있으면 나 자신도 기분이 가라앉고 답답해지며 그런 사람과 같이 살면 마치 무덤 속에서 사는 것 같은 기분이 든다. 따라서 우리는 감정을 느낄 수 있고 이를 나타낼 수 있는 우리 자신이 얼마나 행복한지를

|그림 12| 찰슨 브론슨

깨달아야 한다.

　어쩌면 우리는 평소 느끼고 표현하는 감정을 지금보다 더 자주 그리고 더 강하게 표현해야 할지도 모른다. 서양 사람들은 종종 동양인이 무표정하다고 말한다. 외국 영화에 나오는 동양인들을 보면 서양배우와는 달리 하나같이 무표정하다. 그에 비해서 서양 사람들은 느끼는 대로 말하고 느끼는 대로 그 감정을 얼굴 표정에 담는다. 우리가 즐겁고 기뻐야 할 때 누군가가 무표정하면 우리는 그 사람에 대해 공포감을 느낀다. 미국 배우 찰스 브론슨이 바로 그런 사람 중의 하나다. 찰스 브론슨은 주로 서부 영화, 갱 영화, 스릴러 영화에 자주 나오는 배우다. 그는 어지간해서는 기뻐하지도 그리고 슬퍼하지도 않는다. 그는 이런 무표정 때문에 잔인한 역에 잘 어울리고 그

|그림 13| 짐 캐리

래서 스릴러 영화에 자주 등장한다.

반대로 미국에서 인기 있는 배우 중 한 사람인 짐 캐리는 정서표현을 극적으로 하는 사람이다. 그는 희극 배우라서 감정표현을 잘하기도 하지만 감정표현을 과장해서 짓는 우스꽝스러운 표정이 사람들의 마음을 사로잡는 것이다. 요즘 미국 사회도 예전과 달리 경제가 어려워 웃고 즐기는 기회가 적은데 그가 여러 가지 과장된 표정을 짓는 것이 미국 관객을 기쁘게 해 주는 것 같다.

우리가 감정을 억누르고 이를 표현하지 않는 것은 잘못된 습관이다. 특히 한국 남성들은 감정표현을 잘 안하는데, 용감하고 남자답게 보이기 위해서다. 그러나 시대는 달라졌다. 요즘은 남녀 불문하고 감정표현을 잘하는 사람이 더 인기가 있다. 강요된 웃음이라고 해도 스튜어디스나 백화점 안내원들이 미소로 다가올 때 우리도 기분이 좋아진다. 웃음이 건강에도 좋다. 그래서 요즘 직장에서 하는 사원 교육에는 크게 웃어 보는 연습이 꼭 포함된다.

점잖게 보이기 위해 자신의 감정을 억누르는 것은 자칫 잘못하면 감정부전증 환자나 잔인한 사람으로 오해받게 만든다. 짐 캐리처럼 행동할 필요는 없지만 우리는 자신의 감정을 있는 그대로 자연스럽게 표현해야 한다. 그래야 남으로부터 호감을 얻는다.

감정이 냉대를 받아 온 것은 학문이나 예술의 세계에서도 마찬가지였다. 18세기는 이성이 존중된 반면, 정서는 경멸의 대상이 되던 시기였다. 칸트가 중심이 된 순수이성론은 인간이 동물과 다른 점은 감정을 억제하고 이성적으로 행동할 수 있기 때문이며 이러한 능력은 선천적이라고 주장했다. 즉, 그는 인간의 우수성을 지성에 두었고 이를 선천적이라고까지 과찬했다. 그러나 시대가 바뀜에 따라 지성보다 열정이 더 찬사를 받기에 이르렀다. 19세기에 들어서서 낭만주의가 유행했기 때문이다. 키츠와 바이런은 낭만적인 시를 창작했고 베토벤, 쇼팽, 슈만은 낭만적인 음악을 작곡했다.

그러다 19세기 말에는 다시 이성이 힘을 얻기 시작했다. 첨단 과학 기술이 일반인의 마음을 사로잡았고 우리의 희망과 구세주로 등장했다. 즉, 이성과 첨단 과학이 인간의 모든 문제를 극복하고 정복할 수 있다는 믿음을 갖게 만들었다. 그래서 다시 감정은 평가 절하된 반면, 이성은 평가 절상되었다.

이성과 정서 간의 비교우위에 대한 이러한 변천은 비단 예술 세계에서만 있어 온 것이 아니다. 심리학의 세계에서도 나타났다. 프로이트 시대에는 감정이 중요시되었다. 즉, 프로이트는 모든 정신병은 억압된 정서가 배출되지 않았기 때문에 생긴다고 간단명료하게 설명했다. 참을 수밖에 없는 분노, 표현할 수 없는 성적 욕망을 억압하면 사람의 정신과 마음이 황폐해진다고 주장한 것이다. 그러나 19세기와 20세기에는 미국에서 행동주의 심리학과 인지주의 심리학이 싹트기 시작했다. 행동주의에서는 심리학이 과학적으로 되려면 보이지 않는 마음, 감정을 연구하기보다 눈에 보이는 행동을 연구해야 한다고 주장했다. 이는 엄청난 파급 효과를 가져와 행동주의가 심리학의 주류였던 시절에는 감정을 언급하는 학자가 없었다. 이러한 경향은 그 후 내내 이어졌는데, 20세기 말에는 인지심리학이전 세계 심리학 흐름을 석권했다. 인지심리학은 사람들의 정보 처리방식을 연구하는 것인데, 인간을 컴퓨터식의 정보 처리 기계로 간주하여 분석했다. 이에 따라 인간이 지닌 감정은 철저히 외면되었다.

그러나 심리학의 세계는 1980년대를 맞아 새로운 전환점으로 들어섰다. 정서심리학, 즉 감정에 관한 연구가 활발해진 것이다. 왜 그런 결과가 발생했는가? 그간 심리학자들이 인간이 감정의 동물이라는 것을 잊어버리고 감정 연구를 등한시했다는 것을 깨달았기 때문이다. 그리고 연구하기 어려웠던 감정을 보다 과학적으로 연구하는 방법과 기술이 발달되었기 때문이다. 그리고 다음과 같은 또 한 가지의 중요한 원인이 있다. 교통의 발달로 쉽게 여러 문화와 민족을 만날 수 있고 그들의 다양한 감정표현, 정서 내용을 연구할 수 있게 되었기 때문이다. 오늘날 심리학에서 정서를 빼놓고는 강의를 할 수 없다. 나이 많은 심리학자들은 지금부터 정서심리학을 새롭게 공부하지 않으면 안 되게 되었다. 이제 더 구체적으로 인지와 정서가 어떻게 서로 다른지, 그리고 감정이 왜 인지 못지않게 중요한지를 살펴보기로 한다. 그것을 지능과 연관시켜 설명해 보기로 하자.

인지지능 대 정서지능

지능이 무엇인지 모르는 사람은 아마 아무도 없을 것이다. 지능은 학술적으로 말해 IQ(Intelligence Quotient), 즉 지능지수다. 지능을 정의하는 여러 가지 방법이 있지만 그중 제일 간단한 방법은 프랑스의 심리학자 비네가 정의한 것이다. 즉, IQ=정신연령/생활연령이다. 생활연령이란 실제 나이이고, 정신연령이란 실제 나이에 비해 얼마나 똑똑한지 나타내는 것이다. 예컨대, 초등학교 3학년 정도면 누구나 구구단을 외울 수 있다. 그래서 이것을 잘 외우는 사람은 정신연령이 높은 것이고 아무리 노력해도 외울 수 없는 학생은 정신연령이 낮은 것이다. 비네는 각 연령단계별로 우리가 맞혀야 하는 문제를 2개씩 만들고 어떤 사람이 자기 나이의 사람이 풀어야 할 문제를 맞히면 IQ는 보통이라고 판단했다. 그러나 그 사람이 자기보다 나이가 더 많은 사람들이 푸는 문제를 맞히면 그 사람의 지능은 보통 이상이거나 천재라고 평가했다. 일반적으로 IQ가 100이면 보통이고, 120 이상이면 똑똑하고, 130 이상이면 천재라고 본다.

지능지수는 미국에서 심리학이 성장하는 데 큰 역할을 했다. 여러 가지로 쓸모가 있었기 때문이다. 제2차세계대전이 발발했을 때 미국은 빠른 시간 내에 수많은 병사를 군에 입대시켜야만 했다. 그래서 군대에 입대하는 사람 중에서 머리가 좋고 나쁜 사람을 빨리 가려낼 필요가 있었다. 머리가 좋은 사람은 보다 복잡한 군무에 배치하고 머리가 보통인 사람은 일반 보직을 주어야 했다. 그런데 지능을 가려낼 수 있는 좋은 방법, 즉 지능검사를 심리학자들이 고안해 낸 것이다. 곧바로 미국은 군대 내에서 복무 배치에 지능검사를 이용했다.

지능은 분명 인간이 갖고 있는 중요한 능력 중의 하나다. 우리가 세상을 살아 나가려면 일정 수준의 지능이 필요하다. 즉, 셈할 수 있어야 하고 기억력이 있어야 하며 추리하고 판단하는 능력도 있어야 한다. 우리가 가족을 식별하고 집을 찾아올 수 있는 것도 지능이 있기 때문이다 그러므로 지능은 우리가 이 세상을 살아 나가는 데 아주 소중한 능력이 아닐 수 없다.

인지지능 지능이 이렇게 중요하게 여겨졌기 때문에 생기는 부작용도 있다. 지능의 중요성을 너무 맹신하게 된 것이다. 하루는 주위의 한 어머니가 자녀 때문에 속상하다고 말하기에 저자가 그 이유를 물어보았다. 그랬더니 그 어머니는 초등학교 6학년인 자녀가 지능검사를 받았는데 지능지수가 낮게 나왔고, 선생님이 이 아이는 대학교에 갈 수 없을 것이라고 말했기 때문이라고 했다. 저자는 그녀에게 지능이 꼭 높아야만 하는 것은 아니라고 말하면서 그 이유를 다음과 같이 말했다.

"과거 심리학자들은 지능을 인지능력, 쉽게 말해서 어휘력, 산술능력, 기억력, 추리력, 공간지각능력 등으로 정의했습니다. 그러나 최근에는 지능의 종류가 인지지능 외에 여러 가지가 있음을 깨닫게 되었습니다. 예컨대, 박지성은 축구를 잘 하고 김연아는 피겨스케이팅을 잘하지요. 음악에 소질이 있는 사람도 많아서 장한나는 첼로로 세계적 명성을 얻고 있고, 임동혁과 임동민 형제는 피아니스트로 세계에서 각광을 받고 있기도 합니다. 그러나 세계적 천재라하는 아인슈타인이나 프로이트가 박지성, 김연아처럼 스포츠를 잘하고 장한나와 임동혁 형제처럼 음악을 잘할 수는 없습니다. 그러므로 학교에서 사용하는 지능검사로 지능이 낮게 나왔다고 비관할 필요는 없습니다. 왜냐하면 학교에서 사용한 지능 측정 방법은 공부를 잘하는 데 필요한 지능만을 측정한 것이지, 인간의 다른 측면의 지능, 예컨대 음악, 미술, 체육, 인간관계능력을 측정한 것은 아니기 때문입니다.

또 지능을 측정하는 검사에도 개선할 여지가 많습니다. 지능이란 무엇입니까? 그것은 한 마디로 타고난 지적(知的) 능력입니다. 그런데 지금 학교에서 사용하고 있는 지능검사는 타고난 지능을 측정하기보다는 우리가 학교에서 배운 능력을 측정하는 경우가 많습니다. 즉, 지능검사에는 국어 시간에 배운 여러 가지 낱말, 수학 시간에 배우는 백분율이나 분수 문제가 많이 나옵니다. 그래서 강원도 깊은 산골에서 태어난 아이가 학교에 가지 못한 경우 그 아이의 지능을 측정하면 점수가 낮아 천치 또는 저능아로 판단됩니다. 그러면 그 아이는 정말 저능아일까요? 아닙니다. 그렇게 학교 교육을 전혀 받아 보지 못한 아이라도 부모도 알아보고 부모와 말도 하고 씨앗을 뿌리고 농사도 짓습니다. 어디 그뿐이랴, 친구의 눈치도 살피고 친구와 놀이도 함께합니다. 이 아이의 여러 가지 능력은 지능이 높다는 것을 의미합니다. 즉, 농사를 배울 수 있는 능력이 있다는 것은 지능이 있다는 것을 의미하는 것입니다."

아이에게 남의 눈치도 살피고 친구와 놀이를 할 수 있는 능력이 있다는 것은 이제 말하고자 하는 정서지능도 있다는 말이 된다. 그러나 현재 학교에서 사용하고 있는 지능검사는 이런 인지지능은 말할 것도 없고 정서지능도 측정하지 못한다.

저자에게는 지능이라고 하면 생각나는 친구가 하나 있다. 1951년 1.4후퇴 때 대전으로 피난 가서 만난 친구다. 당시 우리는 서대전 피란국민학교에 다녔다. 학교라야 선생님이 한 분 계시고 4학년 한 반과 5학년 한 반만 있어 교회를 빌려 공부하던 때였다. 학생이 한 학년에 열댓 명뿐이라 저자가 급장(현재의 반장) 역할을 했다. 급장이 하는 일 중 하나는 시험을 치면 점수를 매기는 것이었다. 그런데 이 친구가 항상 말썽이었다. 그 친구는 옷도 더럽고 얼굴도 잘 씻지 않아 늘 불결했다. 아마 부모가 잘 돌봐주지 않는 모양이었다. 피난 시절이라 다 같이 못 먹고 못 살았지만 그는 생활이 더 열악했던 듯했다. 그는 늘 수업 시간에 딴전을 피우고 있었다. 시선은 언제나 칠판이 아닌 다른 곳을 멍하니 주시했다. 그러니 시험 성적이 잘 나올 리가 없었다. 어느 날 산수 시험을 보고 나서 채점을 하니 그의 성적은 빵점이었다. 아무리 살펴보아도 정답이 없었다. 그런데 그에게 시험지를 건네 주었더니 그가 나에게 거세게 항의하는 것이었다. 자기가 100점인데 엉터리로 채점했다는 것이다. 그래서 어안이 벙벙해 그의 시험지를 다시 자세히 살펴보았지만 답은 역시 눈에 띄지 않았다. 나는 어디에 공식과 답이 있느냐고 되물었다. 그는 연필로 여기저기 줄친 부분을 가리키며 그것이 답이라고 억지를 쓰는데 가만히 살펴보니 정말 정답이 거기에 있었다. 그런데 정답을 구하려고 수많은 그림을 그리고 이상한 계산을 한 흔적은 보이는데 전혀 선생님이 가르쳐 준 방식이 아니었다. 그는 수업 시간에 딴전을 피웠기 때문에 우리가 배운 분수 문제, 백분율 문제를 선생님이 가르쳐 준 방식대로 풀지 않았던 것이다. 산수 문제를 독창적으로 해석해 자기 나름대로 풀었는데 희한하게도 답은 모두 정답이었다. 당황했던 저자는 곧 냉정을 되찾고 그에게 선생님이 가르쳐 준 대로 문제를 풀지 않았고, 아무리 정답이 있더라도 그 문제를 푼 공식이 없기 때문에 100점을 줄 수가 없다고 버텼다. 그러다가 마음을 고쳐먹고 타협을 제안하여 80점을 주기로 했다. 그는 못마땅한 얼굴이었지만 그래도 빵점에서 80점을 받을 수 있으니 다행이라고 생각했는지 나의 제안을 따랐다.

지금 생각하니 그 친구가 천재였다. 그 친구는 선생님으로부터 분수, 백분율을 계산하는 방법을 배우지 않고도 스스로 이것을 푸는 방법을 알아낸 것이다. 즉, 그는 선천적으로 높은 지능을 타고난 것이었다.

앞에서 지능이 우리에게 필요한 능력이라고 말했다. 특히 지능검사는 우리의 학업 성적을 잘 예언한다. 즉, 지능지수가 높으면 그만큼 학교에서 좋은 성적을 받을 가능성이 높다. 그러나 정말 지능이 높으면 사회에 나가서 성공하고 출세하는가? 정서지능을 연구한 골먼은 하버드대학교 학생 60명을 대상으로 학업 성적과 졸업 후의 성공 여부를 관련시켜 조사했다(Goleman, 1995). 그 결과는 아무런 상관이 없는 것으로 나타났다. 즉, 하버드대학교에서 열심히 공부해 좋은 성적을 거둔 학생이라도 사회에 나가 반드시 좋은 직업을 갖고 많은 봉급을 받는 것은 아니었다. 그래서 골먼은 인지지능 이외에 다른 능력이 출세와 성공에 필요하다고 제안했다. 그것이 바로 정서지능 또는 감정지능(Emotional Intelligence: EQ)이다.

정서지능 저자의 지인 중에 일제강점기 때 일본에 유학을 가 공부를 하고 돌아온 분이 있다. 그는 부친으로부터 상당한 토지를 유산으로 받아 유복했다. 일본에서 유학하고 돌아온 그에 대한 주위 사람의 기대는 무척 컸다. 고급 공무원이나 회사원이 되어 출세할 것을 믿어 의심치 않았던 것이다. 그러나 그는 공무원도 해 보고 일반 기업체에서도 근무했지만 오랫동안 직장에 붙어 있지 못했다. 다른 사람들과 인간관계가 좋지 않았기 때문이다. 그는 자기가 일본의 우수한 대학교를 나온 것을 뽐내고 다른 사람들을 깔보았다. 부하직원들을 마치 자기 집의 머슴처럼 대했고 상사에게도 고분고분하지 않았다. 상사의 기분을 알아차리고 그에 따라 처신하는 능력이 부족했다. 결국 그는 주위 사람의 기대와는 달리 젊어서 퇴직해 부모가 남겨 준 재산을 축내며 일생을 무위도식했다. 그는 머리가 좋았기 때문에 부모가 일본에 유학을 보냈고, 대학교까지 졸업했다. 즉, 요즘 지능검사로 측정하면 지능지수가 매우 높은 사람이다. 그러나 공부만 잘한다고 사회에 나가 출세하고 성공하는 것은 아니다. 사회에서 필요한 것은 지능보다는 정서적인 능력이다. 이 능력은 사람의 감정을 잘 읽고 자신의 감정을 잘 다스리며 인간관계를 잘 유지하는 능력이다.

정서지능이란 예일대학교의 샐로비 교수와 뉴햄프셔대학교의 메이어 교수가 1990년 처음 사용한 말이다. 이들은 정서지능을 다음과 같이 정의하고 있다. 정서지능이란 ① 자신과 타인의 정서를 평가하고 표현할 줄 아는 능력, ② 자신과 타인의 정서를 효과적으로 조절할 줄 아는 능력, 그리고 ③ 자신의 삶을 계획하고 성취하기 위해 그런 정서를 이용하여 활용할 줄 아는 능력이다(이수정, 1997 재인용). 샐로비와 메이어는 정서지능을 크게 세 가지로 구분했다. 이 세 가지를 하나하나 살펴보기로 하자.

자신과 타인의 정서를 이해하는 능력

자신과 타인의 정서를 이해하는 것은 쉽기도 하고 어렵기도 하다. 먼저 쉬운 것부터 보자. 우리는 즐거운 사건이 생기면 즐겁고, 슬픈

일이 생기면 슬프다. 그래서 우리나 타인의 감정을 이해하는 것이
그리 어렵지는 않다. 또 감정을 야기하는 선행(先行) 사건이 무엇인
가를 살펴보면 감정을 파악할 수 있다. 게다가 감정은 신체적 변화
가 따른다. 얼굴 표정에 관해서는 앞의 1, 2장에서 언급했다. 얼굴
표정 이외에 신체적 변화가 오는데 가슴이 두근거리고 얼굴이 화끈
거리거나 창백해지고 손끝이 따뜻해진다. 예컨대, 화가 나면 손끝
이 화끈거리는데 이는 자율신경계가 손끝으로 피를 원활히 공급하
기 때문이다. 그래야 주먹을 빨리 날리게 할 수 있다. 두려움을 느끼
면 심장이 뛰고 얼굴이 창백해지며 팔다리로 피가 몰린다. 이 역시
줄행랑을 놓으려면 심장과 사지에 혈액순환이 잘 되어야 하기 때문
이다.

　또 감정이 변하면 목소리도 달라진다. 흥분하거나 마음이 격해지
면 목소리가 높아지고 빨라지고 갈라지기도 한다. 히스테리를 부리
는 여성의 목소리가 어떤 것인지는 우리 모두 잘 알고 있다. 또 아버
지와 직장상사가 화가 나면 목소리가 어떻게 변하는가를 우리는 잘
알고 있다. 목소리는 표정과는 달리 잘 감출 수 없다. 거짓말을 하는
경우 또는 창피한 경우에 우리는 말을 더듬는다. 그러나 목소리의 변
화와 감정과의 관계는 아직 그렇게 깊게 연구된 적은 없으나 일부 정
서심리학자들은 연기자들로 하여금 감정을 나타내는 연기를 하게 하
고 그 연기자의 목소리를 성분 분석하고 있다. 앞으로 이 분야의 연

구가 기대된다.

선행 사건과 감정 은폐 지금까지는 우리가 비교적 읽기 쉬운 인간의 감정표현을 이야기했다. 그러나 인간은 자신의 감정을 속일 수 있고(포커페이스를 생각해 보라), 모든 감정을 얼굴이나 몸짓 또는 목소리로 표현하지 않는다. 그래서 우리는 타인의 감정을 읽는 데 실패하기 쉽다. 한 가지 실제적인 예를 들어 보자. 만약 한 가장이 술을 마셨다. 그래서 철부지 아들은 아버지가 기분 좋은 일이 있어서 술을 마신 것이라고 지레짐작해 아버지에게 용돈을 달라고 조른다. 그러나 이런 짐작은 어떤 때는 맞아떨어지지만 어떤 때는 실패한다. 그 이유는 아버지가 기분이 좋을 때에만 술을 마시는 것이 아니기 때문이다. 그래서 타인의 정서를 잘 파악할 수 있는 나이가 된 학령기 아들은 아버지가 술을 거나하게 마셨다고 해서 무조건 손을 벌리지는 않는다. 그는 아버지를 더 관찰한다. 아버지가 얼큰하게 취하셨는데도 말을 하지 않으면 그것은 화가 나서 술을 마신 경우다. 이 경우 아들은 자기 방으로 후퇴한다. 그러나 철부지 아들은 아버지에게 용돈을 달라고 조르다가 호되게 야단을 맞는다.

또 다른 예를 들어 보자. 노련한 상사의 기분을 살피는 것도 쉽지가 않다. 리더십이 있고 노련한 상사는 자신의 기분을 있는 그대로 표현하지 않기 때문이다. 오히려 반대로 표정을 짓고 행동할 때가 많다. 예컨대, 부하들의 실적이 엉망인데도 얼굴색을 붉히거나 소리를 지르지 않는다. 담담하게 실적을 전달할 뿐이다. 그렇다고 해서 그가 부하들의 저조한 실적을 용서하고 있다는 뜻은 아니다. 연차가 있는 사원은 상사가 침착할 때 오히려 더 몸조심한다. 상사가 자신의 감정을 극도로 자제하고 있다는 것을 잘 알기 때문이다. 반대로 연차가 낮은 초보 사원은 안심하고 경거망동한다. 그러다 날벼락을 맞게 된다.

여기서 노련한 상사, 아버지들의 표정 관리 기법을 일일이 설명할 수는 없다. 개인에 따라 표정 관리 기법, 행동 기법이 다르기 때문이다. 그러나 분명히 기억해 두어야 할 것이 하나 있다. 타인의 현재 감정을 짐작하기 위해서는 그와 관련된 선행 사건을 예의 주시해야 한다는 것이다. 즉, 무슨 일이 발생했는가, 그 일은 긍정적인 사건인가, 아니면 부정적인 사건인가를 먼저 파악해야 한다. 부정적인 사건이 발발했다면 지금 상사나 아버지가 부정적인 감정을 갖고 있다고 판단하는 것이 옳다. 그가 어떤 표정을 짓더라도 말이다.

선행 사건과 감정 파악 자신과 타인의 감정을 잘 이해하는 한 가지 방법은 바로 위에서 말한 선행 사건을 분석하는 것이다. 아버지나 상사와 늘 같이 지내거나 일해야만 그들에게 어떤 사건이 발생했는지를 알 수 있다. 그런데 우리가 일상생활에서 만나는 사람들은 아버지나 상사처럼 매일 함께 지내는 것이 아니다. 어쩌다 만나는 친구, 처음 보는 고객 등이 많은데 이들과 함께 지내거나 살지 않기 때문에 우리가 그들의 선행 사건을 알 수 없어 그들의 감정을 파악하는 데 애로가 많다.

자주 만나지 못하는 사람의 감정을 잘 읽는 방법은 그가 어떤 생활을 하고 있는가를 파악하는 것에서부터 시작해야 한다. 그리고 가능하면 그와 대화를 하면서 그에게 어떤 중요한 일이 발생했는가를 파악해야 한다. 그러면 우리는 타인의 감정을 이해할 수 있는 단서를 얻게 된다. 물론 어떤 사람은 자신의 감정을 웃음, 눈물, 한숨 등으로 직접 표현한다. 그럴 때는 우리가 타인의 감정을 파악할 필요가 없다. 단지 그와 같은 감정을 공감하도록 노력하면 된다. 그러면 친구관계가 돈독해질 것이다.

감정의 억압 이제 마지막으로 감정 파악이 제일 어려운 사람의 경우를 예로 들어 보자. 이런 사람은 정신과적 문제가 있는 사람들이다. 이들은 자신의 감정을 파악하는 것 자체에 문제가 있다. 그 이유는 이들이 겪은 불쾌한 기억을 되살리기 싫어하기 때문이다. 그래서 자신의 감정을 무의식 세계로 추방한다. 프로이트는 이것을 억압이라고 말했는데, 정신과적 증상이 이 억압된 감정 때문에 발생한다고 주장한다. 예컨대, 아버지로부터 학대를 당해 온 자식은 아버지에 대해 증오심을 갖고 있지만 윤리적 문제 때문에 이 분노를 외부 세계에 표출하지 못하고 마음속에 가두어 놓는다. 그러다 그는 결국 정신병에 걸린다. 프로이트는 도덕상 표현하기 어려운 성적 욕망, 분노, 적개심 등을 우리가 무의식 세계로 쫓아 버려서 자신의 진정한 감정과 그 감정의 원인을 느끼지 못한다고 한다. 이런 여러 가지 이유로 정신병자들은 자기 감정을 정확하게 인식하지 못한다. 다음은 저자에게 인터넷 상담을 신청해 온 20세 여대생의 하소연인데, 이 글을 자세히 읽어 보면 이 학생이 감정을 느끼고 표현하는 데 문제를 가지고 있음을 파악할 수 있다.

스무 살이 된 후의 첫 봄…… 학교 가기가 즐겁지 않고, 불안하고 재미있지 않고, 학교생활을 즐겁게 하는 건 내가 하기 나름이니까 재미있게 말하고 행동해 봐도 그건 몸부림일 뿐 다시 원위치로 돌아오고, 또 나에게 가면 하나 씌우는 것 같다. 다시 말해 난 나를 잃어버렸다.

내가 조각조각 분리되다가 어디론가 사라져 버렸다. 난 지금 안이 텅텅 빈 껍데기뿐이다. 자꾸 이런 모습에 학습되기 싫은데. 자꾸 이 모습에 내가 익숙해진다. 정말 내가 되어 버리고 있다. 내가 정말로 이러다가 이상해지고 사람이 겁나서 아예 단절해 버릴까 무섭다. 내가 지금 어떤 상태일까?

　내 모습 그냥 인정하고 받아들이고 그래도 마음 편히 행동하려면 과에서 튀지 않고, 묵묵히 내 할 일을 하며 지내는 것인데. 그렇게 지내다 세월 지나 돌이켜 보면 너무 주변인으로 지내다가 마음속에 또 남는 거 하나 없이 공허해지면 또 너무나 허무할 것 같다. 꿈 같은 스무 살, 활기차고 명랑하게 웃고 떠들고 재미있게 술 마시고 좋아하는 거에 열광하며 뭐 사러 다니고. 그러고 싶은데 그게 안 돼. 내가 원하는 모습은 예전처럼 사람들에게 농담하고 장난치고 재미있는 애가 되는 건데. 왜 그게 안 되는 걸까?

　여기까집니다.

　제가 생각하는 제 원인은 친구랑 멀어져서 그런 것도 있지만 또 그것의 원인을 찾아 들어가면 너무 한 친구만 깊게 사귀려 그러고, 너무 내 모든 걸 퍼 주고 매우 의지하고 그러려고 했거든요. 넌 내 진정한 친구다…… 잘 대해 주니 그쪽에서도 나에게 그만큼 나에게 해 주길 바라는, 그런 것에 너무 집착을 했나 봐요. 또 그렇게 된 원인을 찾아 들어가면, 그냥 서서히 내 성격이 그렇게 형성돼 간 거겠죠. 뭐라고 딱 못 할 것 같아요.

　우리 집은 제가 초등학교 6학년 때 부모님이 이혼하셨는데요. 그 이후로 제 성격이 그렇게 형성되어 갔을까요? 정말로 제 기억엔 딱히 부모님 이혼 때문에 불행한 기억이 없거든요? 정말로요.

　고등학교 들어와서 엄마 집과 아빠 집을 번갈아 살다가 아빠란 작자와 매우 갈등이 깊어져 지금은 엄마 집에 들어와 삽니다. 이제 여기서 계속 살 것 같아요. 저는 소위 아빠란 분을 매우 증오하고요. 절대 같이 살 수 없는 사람이라 천신만고 끝에 다시 엄마 집으로 온 거예요.

이런 과정에서 제 성격이 모나게 형성된 걸까요? 아빠와의 불화를 마음속으로 억누르고 외면하면서 친구 생활을 해 나가다가 삐끗하니 다 터져 버린 것 같네요.

저는요, 꼭 고딩 시절에 다 겪고 마무리했어야 할 일을 지금 고민하는 어른아이 같습니다. 이제야 내 마음이 진정으로 무엇인지 귀 기울이고 살려고 하는데, 불안하면 왜 불안한지 감추지 않고 받아들이려고 하는데 그것조차 쉽지 않네요. 인터넷상이라 알기 어려우시겠지만 그래도 조언 부탁드립니다. 읽으시느라 수고 많이 하셨습니다.

이 글을 분석해 보면 크게 세 가지 문제가 드러난다. 첫째, 피상담자는 자신의 진정한 모습이 무엇인지를 몰라서 헤매고 있다. 즉, 친구와 어울리고 과에서 함께 시간을 보내면서도 즐거운 것이 하나도 없다. 피상담자는 좀 더 진실된 자기를 느끼고, 그래서 자기가 하고픈 대로 살고 싶은 욕망이 강한데 그것이 무엇인지 잘 모르겠다고 하소연한다. 둘째, 친구와의 문제다. 피상담자가 이 글에서 자신의 문제를 나열하고 그것을 정리하면서 친구와의 관계가 원만하지 못하다고 요약했다. 셋째, 아버지에 대한 증오다. 초등학교 6학년 때

부모가 이혼한 후 아버지와 살다가 다시 어머니 곁으로 되돌아갔다.

피상담자의 이 세 가지 문제가 초래된 원인은 무엇인가? 그것은 바로 자신의 감정을 바로 읽고 이에 대처하지 못한 것에 있다. 그녀는 글에서 자기 부모가 이혼했는데도 불구하고 자기가 불행했던 적이 없었다고 강변(强辯)하고 있다(피상담자의 글 중 진한 색 부분은 독자의 편의를 위해 저자가 표시한 것이다.). 이것이 진실일까? 그렇지 않다. 자녀에게 부모의 이혼은 마른 하늘에 날벼락과 같은 것이다. 자신을 돌봐줄 사람들이 갑자기 사라져 버리기 때문이다. 특히 감수성이 예민한 청소년기의 자녀는 부모의 이혼으로부터 큰 상처를 받는다. 피상담자가 당시 부모의 이혼으로 생긴 자신의 화나고 슬픈 감정을 억누르고 회피했기 때문에 정신적 상처가 치유되지 않고 계속 쌓여만 갔다. 자신의 감정을 인식하고 이를 토로하지 않으면 병이 생긴다. 그래서 지금 친구관계에 문제가 있고 진실한 자신이 누구인지 깨닫는 데 문제가 있는 것이다. 더 심각한 문제는 아버지에 대한 증오다. 아버지를 증오하는 감정도 그간 표출되지 못했다. 이 역시 억압하여 감추었다가 어머니 곁으로 돌아옴에 따라 되살리게 되었다. 그러나 아버지에 대한 분노가 너무 늦게 표현되었다. 이 글을 통해 자신의 감정에 대한 인식이 중요하고 또 이를 잘 처리해야 정신건강을 유지할 수 있음을 알게 된다.

은폐한 감정의 판독　이제 타인의 감정을 어떻게 잘 읽을 수 있는 가를 생각해 보자. 만약 사람들이 앞의 피상담자의 글을 읽었을 때 글쓴이의 감정을 정확히 파악할 수 있을까? 가능한 사람도 있겠지만 대부분은 어려움을 느낄 것이다. 그 이유는 이 글에 감정이 있는 그 대로 표현되어 있지 않고 감추어진 것이 많기 때문이다. 예컨대, 그 녀는 부모의 이혼이 자기에게 불행하지 않았다고 억지를 부리고 있 다. 이것은 그녀가 부모의 이혼이 준 충격을 망각했거나 또는 무의 식의 세계 속으로 밀어 넣었기 때문에 그렇게 진술한 것이다. 상담 자가 할 일은 피상담자가 충격받은 사건을 기억하게 하고 그때 가졌 던 진정한 감정을 다시 경험하게 만드는 것이다. 즉, 마음에 쌓여 있 던 억압된 또는 망각된 감정을 되살려 이를 정화시키는 것이다. 따 라서 일반인들이 정신과적 문제를 가진 사람의 감정을 판단하는 것, 특히 감추어진 감정을 이해한다는 것은 거의 불가능하다. 그런데 문 제는 일반인들도 자신의 치부는 잘 드러내지 않는다는 것이다. 따라 서 우리는 일반인의 감정을 올바로 판단하기도 쉽지가 않다.

임상 및 상담심리학자들은 환자의 심리치료를 할 때 탐정이 하는 역할을 한다. 대부분의 정신질환자들은 피해자들이다. 아동학대, 성 폭력, 배우자 폭력, 부모로부터의 천대, 사랑하는 사람으로부터의 배신 등의 피해를 입은 사람들이다. 더불어 이들은 감정의 피해자들 이다. 폭력으로부터 받은 피해를 표출하지 못하거나 실패 또는 좌절로부터 생긴 분노 감정을 씻어 내지 못해 아직 감정의 앙금이 남아 있는 것이다. 이들의 가해자가 누구이고 그들이 환자에게 어떤 정신적 피해를 끼쳐서 환자들이 어떤 감정적인 장애를 가졌는지를 파헤치는 것이 상담자의 중요한 역할이다.

마지막으로 한 가지 덧붙일 것이 있다. 바로 정서장애를 가지고 있는 사람들은 타인의 감정을 잘 읽어 내지 못한다는 것이다. 이미 자신의 문제로 머리가 복잡하기 때문이다. 그래서 타인의 감정표현에 민감하지 못하다. 스트레스가 많은 사람은 머리가 복잡해 주변 상황을 제대로 판단하지 못하는 것과 마찬가지다. 상황을 제대로 판단하려면 관찰력과 주의집중이 필요한데, 정신과적 문제가 있는 사람은 자신의 문제 때문에 머리가 뒤숭숭해 타인에 대한 관찰력과 주의집중력이 떨어진다.

또한 정서장애를 가지고 있는 사람은 사회생활을 하기가 힘들다. 다른 이의 기분을 파악하지 못하고 타인의 기분에 공감하지 못하기 때문에 사람으로부터 인정과 애정을 받을 수 없다. 따라서 정신과적 문제가 생기면 반드시 상담자를 만나서 자기 감정의 문제를 파악해야 한다. 그래야만 다른 사람의 기분을 잘 파악하고 잘 어울릴 수 있다.

자신과 타인의 정서를 효과적으로
조절할 줄 아는 능력

자신과 타인의 정서를 조절하는 데 실패한다면 어떤 일이 생길까? 역사적 인물 중에 감정 조절에 실패하여 결국 죽음을 맞이한 사람이 있다. 바로 전 중앙정보부장 김재규다. 1979년 10월 26일 늦은 저녁 청와대 근처 궁정동 안가(安家)에서 총소리가 요란하게 울렸다. 김재규 당시 중앙정보부장이 먼저 차지철 대통령 경호실장을 향해 "이 버러지 같은 놈." 하고 욕을 하면서 가슴에 총탄을 퍼부었다. 그는 이에 그치지 않고 총부리를 박정희 대통령에게 돌려 서너 발 더 난사했다.

중앙정보부장이라면 당시로서는 지도자 서열 제2위이고 박 대통령의 최측근 중 한 명이었다. 그런 김재규가 무슨 감정 때문에 두 사람을 살해했을까? 저자는 그것이 쌓아 둔 분노가 폭발했기 때문이라고 본다. 당시 한국은 민주화 운동으로 전국이 시끌벅적했다. 부산과 마산에서 대학생들과 노동자들이 합세하여 대규모 데모를 벌였다. 차지철이 이에 대해 강경진압을 주장한 반면, 김재규는 이에 반대했다. 차지철은 중앙정보부의 미온적인 태도를 비난하였고, 그가 박 대통령을 움직여 중앙정보부장을 경질할 것이라는 소문이 나돌

왔다. 김재규는 자신의 신변에 위협을 느꼈고, 그 원인 제공자가 차지철이라고 확신했다.

그러나 김재규와 차지철이 앙숙이 된 것이 부산과 마산에서의 민주화 운동 사건 때문만은 아니고, 그 이전부터 사사건건 부딪힘이 있었다. 차지철은 육영수 여사가 저격당한 후 대통령 경호실장으로 취임했다. 박 대통령이 국회에서 중책을 맡고 있던 차지철을 경호실장으로 발령한 것은 육 여사 시해 사건이 대통령에게 커다란 충격을 주었기 때문이다. 독재정치가는 늘 신변에 불안을 느끼게 마련이라 그간 박 대통령도 자신의 신변에 신경을 많이 써 왔다. 그런데 영부인이 시해됨에 따라 박 대통령의 신변에 대한 불안은 더 커졌다. 그래서 차지철을 경호실장으로 전보한 것이다. 차지철은 공수부대 대위 신분으로 5.16쿠데타에서 박 대통령을 경호했다. 그래서 박 대통령 정권 시절에 승승장구했고, 박 대통령이 가장 신임하는 인사 중 하나였다.

차지철은 경호실장이 된 후 박 대통령의 총애를 등에 업고 지위를 남용하기 시작했다. 우선 그는 대통령을 면담하는 스케줄에 직접 관여했다. 그래서 중앙정보부장인 김재규가 대통령을 만나려면 그의 허락을 얻어야 했다. 그 결과 두 사람 간의 골이 파이기 시작했다. 김재규의 입장에서 보면 차지철도 쿠데타를 도운 동지 중 한 사람이었다. 그러나 김재규는 장성 출신이고 차지철은 대위 출신이었다.

김재규는 대위 출신이 옛날의 장성을 몰라보고 자신을 불편하게 하고, 시위 문제로 자신의 직위를 면직시키려는 것을 용납할 수 없었다. 그래서 결국 차지철은 물론 자신의 군대 동지인 박 대통령마저 살해하고 말았다.

역사에 만일이라는 가정은 존재하지 않는다. 그러나 만일 김재규가 차지철에 대한 분노를 통제할 수 있었다면 한국의 역사는 물론 김재규 자신의 위치도 확연히 달라졌을 것이다. 어쩌면 박 대통령이 부마민주항쟁 사건을 계기로 김재규를 면직시키려 한다는 것이 거짓 풍문이었을지도 모른다. 그럴 가능성이 높은 이유는 사건이 있었던 날 박 대통령이 김재규를 술자리에 초대했기 때문이다. 박 대통령과 김재규는 군대에서 깊은 우정을 쌓았고, 박 대통령은 김재규를 중앙정보부장이라는 요직에 앉혔다. 설사 박 대통령이 김재규를 중앙정보부장직에서 물러나게 했더라도 다른 요직에 앉혔을 것이다. 중앙정보부장이란 국가의 기밀을 관리해 온 사람이므로 그런 경력을 가진 사람을 마냥 한직에 두는 것은 노련한 정치가가 할 처사가 아니었기 때문이다.

이렇게 보면 김재규는 차지철과의 개인적인 원한 때문에 결국 자기 일생을 망친 것이다. 아무리 차지철이 자기를 업신여기고 못살게 굴었다고 해도 서부극에 나오는 카우보이처럼 총을 빼들고 두 사람을, 그것도 대통령을 살해했다는 것은 아무도 이해하거나 공감할 수 없는 행동이다.

　김재규의 사건은 우리에게 무슨 교훈을 주는가? 자신의 감정을 조절할 줄 알아야 한다는 것이다. 특히, 분노나 증오와 같은 부정적 감정을 참고 억제할 수 있어야 한다.

　분노와 음주　우리는 타인과의 부정적 감정을 조절하기 위해서 대화를 모색하고 그러는 가운데 음주를 동반하는 경향이 있다. 그러나 이것은 아주 좋지 않은 방법이다. 만일 김재규가 차지철과 쌓인 앙금을 해소하기 위해서 서로 만나 술을 대작하면서 이야기를 했다면 어떤 효과를 가져왔을까? 서로가 섭섭했던 사건을 이야기하는 가운데 감정이 또다시 복받쳐 올라 격앙되었을 것이다. 더구나 술까지 마셨다면 감정 통제가 풀려 더 화가 나고 난폭해졌을 것이다.

　친구 간에 불화가 생겼다면 서로 만나 앙금을 지우려 하기보다 일정 기간 양자가 만나지 않는 것이 상책이다. 서로 눈에 띄지 않으면 분노가 재발하지 않고 서서히 냉각될 수 있다. 즉, 냉각기를 갖는다는 것은 분쟁 당사자가 서로 대면을 하지 않는 것을 의미한다.

　음주 문제를 좀 더 자세히 살펴보기로 하자. 우리는 기분이 나쁘거나 우울하면 대개 술을 마신다. 술을 마시면 잠시 동안 우울한 기분은 사라진다. 그러나 술은 우리의 초자아, 즉 양심과 도덕성을 무력화시킨다. 예를 들어 보자. 1장에서 감정의 중요성을 이야기하면서 A군의 사건을 설명했다. A군이 부모를 토막 살해하게 된 직접적인 요인에는 어머니의 아동학대, 부모와의 언쟁, 친구로부터의 왕따, 그가 자주 한 컴퓨터 폭력 게임 그리고 자주 시청한 폭력 영화 등이 있다. 그러나 특히 중요한 직접적인 요인은 그가 술을 마셨다는 데 있다. 그는 부모와 크게 싸운 후 자기 방에 칩거하면서 부모와 마주치지 않도록 노력했다. 그러다 보니 그의 행동은 너무 많은 제약을 받았다. 식사도 냉장고에 있는 먹다 남은 음식으로 대충 해결했으며 화장실도 부모가 다 잠든 후에나 이용할 수 있었다. 마침내 구멍에 갇힌 쥐의 신세가 되어 스트레스가 높아져만 갔다. 그러던 어느 날 화장실에서 나오다 찬장에 있는 위스키를 발견하게 된다. 그는 마음을 달래려 위스키를 자기 방에 가져가 몇 모금 마셨다.

법정에서 A군은 자기가 이성이 마비될 정도로 술을 마시지 않았다고 진술했다. 하지만 그는 거의 일주일간 제대로 식사를 하지 못했기 때문에 적은 양의 알코올임에도 몸이 빠르게 흡수하게 된 것이다. 위스키 몇 잔에 그의 초자아는 그대로 무너져 내렸다. 도덕성이 마비된 그는 본능이 부추기는 대로 자신의 분노를 어머니에게 발산했다. 망치를 들고 어머니의 방문을 열었다. 그리고 서두르지 않고 어머니와 아버지의 뒤통수를 망치로 내려쳤다.

각성과 공격성 부정적인 감정을 통제하는 방법에 관해서는 따로 뒤에서 더 상세히 다룰 것이다. 여기서는 분노나 공격성은 우리가 흥분한 상태에서 더 쉽게 불타오른다는 것을 강조하고자 한다. 질먼은 심한 운동과 같은 신체적 흥분이 공격성에 어떤 영향을 주는가를 연구했다(Zillman, 1979). 한 집단의 피험자들에게는 실내 자전거를 타는 심한 체력운동을 하게 하고 다른 집단의 피험자들에게는 운동을 하게 하지 않았다. 그런 후 실험자의 조교가 이들이 막 수행한 어떤 과제를 무례하게 평가해 모욕을 주었다. 그리고 난 후 거꾸로 조교에게 보복할 기회를 피험자에게 제공했다(조교의 능력을 평가하고 그를 조교로 재임명하는 것에 대해 찬반 투표를 하게 함). 연구자의 관심은 두 집단의 피험자가 조교에게 보이는 공격성의 정도였다. 연구자는 심한 운동을 해서 흥분한 피험자가 심한 운동을 하지 않은 피험자에 비해 조교를 더 심한 공격을 할 것이라고 가정했는데, 이 가정은 적중했다. 즉, 흥분한 피험자가 조교를 더 심하게 공격했다.

단순히 운동 신체적 흥분이 아닌 성적 흥분도 공격성을 고조시킨다는 연구 결과가 나왔다. 도너스타인과 할램은 포르노 영화를 보고 나온 관객을 무선적으로 골라 모욕을 준 후 그가 나타내는 공격성을 측정했다(Donnerstein & Hallam, 1978). 그 결과 포르노 영화를 시청한 관객은 일반 영화를 본 관객에 비해 공격성을 더 많이 나타냈다. 이로써 신체적이거나 감정적인 흥분은 분노나 공격성을 증가시킨다는 결론을 얻을 수 있다. 다시 말해서 우리가 어떤 이유로든 흥분 상태에 있다면 분노가 생길 때 그 분노 폭발이 배가 된다.

한때 심리학계에서는 공격성을 발산하는 것이 그 공격의 수위를 낮춘다고 믿고 있었다. 이는 프로이트의 카타르시스 개념을 토대로 한 것인데, 프로이트는 분노나 공격성을 밖으로 발산시키면 그 부정적 감정이 줄어든다고 믿었다. 즉, 우리를 좌절케 한 원인 제공자를 우리가 신체적으로 공격하면 우리의 분노가 사라진다는 것이다. 그런데 연구를 해 본 결과 이것은 사실이 아님이 밝혀졌다. 분노는 표출하면 할수록 더 증가되었다. 예컨대, 어떤 살인자는 피해자가 이미 사망했는데도 불구하고 수없이 피해자를 칼로 찌른다. 만일 프로이트의 이론이 맞는다면 살인자는 한 번의 가격으로 분노가 정화되어 공격 행위를 중단했어야 한다. 그러나 일단 한 번 공격성이 표출되면 오히려 공격의 빈도가 더 잦아지는 것으로 밝혀졌다. 쉽게 이야기하면 화가 날 때 참는 것이 오히려 공격성을 억제시킨다는 것이다. 분노를 정화한다고 공격성을 일단 표출하면 우리는 그 공격성을 자제하기가 힘들게 된다. 공격하면서 쾌감을 느끼기 때문일 것이다.

그렇다고 해서 모든 부정적 감정을 표출하지 말고 이를 억압해야 한다는 것은 아니다. 많은 정신병 환자들이 상처받은 감정을 표출하지 않고 장기간 이를 억압했기 때문에 정서적 장애를 갖게 된 것은 사실이다. 따라서 상처받은 감정은 재현되고 정화되어야 하는데, 이때 심리학자의 도움을 받아야 한다. 공격성의 경우 일반인들이 간단히 자신만의 방식으로 이를 다루는 것은 극히 위험하다는 사실을 꼭 기억해 두어야 한다.

공감능력 공감능력이란 타인이 느끼는 감정을 자신도 느껴 보는 것이다. 발달심리학자들이 연구한 내용에 따르면, 영아들은 태어난 지 며칠 후부터 공감능력이 발달한다. 그래서 신생아실에서 어떤 영아가 울면 그 옆의 영아도 슬픔을 느끼고 따라서 운다. 영아는 점차 자라면서 자기가 느끼는 감정과 타인이 갖는 감정이 서로 다르다는 것을 배우게 된다. 그 후부터 우리는 좀처럼 타인에 대한 공감능력을 발휘하지 않는다. 다만, 절친한 관계에서만 공감대가 형성될 뿐이다. 예컨대, 부모가 아프면 자녀인 우리도 똑같은 아픔을 느낀다. 친구 사이에서도 공감대가 형성되어 친구가 슬픔에 빠지면 우리도 같이 슬퍼진다.

그러나 문제는 이렇게 절친한 사이가 아닌 경우에 타인의 정서를 조절하기 위해 우리가 어떻게 공감대를 형성할 수 있는가 하는 것이다. 이것은 쉬운 일이 아니다. 타인의 정서를 조절해 줄 수 있는 대표적인 사람은 임상심리학자나 상담심리학자다. 즉, 이들은 환자의 잘못된 감정을 조절하고 관리할 수 있도록 훈련을 받은 사람들이다. 임상 및 상담심리학자들은 환자의 감정을 잘 파악함과 동시에 그들과 공감대를 형성해야 한다. 치료자와 환자 사이에 공감대가 형성되면 환자는 자신의 감정을 더 빠르고 솔직하게 토로하여 정신과적 문제를 완치할 수 있다.

비지시적 상담 로저스는 비지시적 상담(Non directive counseling)을 창안하여 각광을 받았다. 많은 정신과 의사들, 특히 정신분석가들은 환자의 정서 문제가 어디에 있는가를 판단한다. 즉, 자기 환자가 누구로부터 어떤 정서적 피해를 입었는지를 밝히는 데 주력한다. 그래서 그 원인과 내용이 밝혀지면 환자에게 이를 알려 주어 환자가 통찰력(Insight), 즉 병의 원인과 발달 과정을 이해하게 만든다. 정신분석가들은 환자가 자신의 병에 관한 통찰을 얻게 되면 병이 자연스럽게 치유된다고 주장한다. 환자에게 병의 원인을 설명해 주는 이런 방법을 지시적 상담(Directive counseling)이라고 부른다. 그러나 지시적 상담은 그리 효과가 없다는 것이 로저스의 판단이다. 그 이유는 환자와 치료자 간의 공감대가 형성되지 못했기 때문이다.

로저스는 치료 과정에서 환자가 주로 말을 하게 하고, 치료자는 경청하여 환자와 공감대를 형성해야 치료가 잘 된다고 주장한다. 여기에서 치료자는 공명판(共鳴板) 역할을 해야 한다. 즉, 환자가 부모의 학대 때문에 괴로웠던 일을 회상해서 울면 환자와 같이 슬픈 감정을 느끼고 이 감정을 환자가 느끼도록 전달해야 한다. 환자는 자신이 과거에 가졌던 억압된 감정을 치료자에게 털어놓고 그로부터 공감대를 얻어 냄으로써 마음의 평정을 얻는다. 그리고 환자 스스로 자신의 문제를 치유하는 방법을 터득하게 된다. 일반인들이 로저스의 비지시적 상담을 이해하기란 쉽지가 않다. 그래서 다른 맥락에서 이를 설명해 보기로 한다.

우리가 상품을 구매하려 백화점에 가는 경우를 생각해 보자. 우리는 어떤 종류의 옷을 살지 모르겠는 상태에서 막연한 생각으로 들어간다. 그런데 판매원이 여러 가지 종류의 상품을 선보이면서 우리에게 어떤 옷을 사라고 권한다. 우리는 사전지식이 없으므로 판매원이 전문 지식을 가지고 추천하는 것을 마다하기가 쉽지 않다. 주저하다가 판매원이 추천한 옷을 산다. 그런데 집에 와서 입어 보니 영 마음에 들지 않는다. 왜? 판매원이 추천한 옷을 골랐기 때문이다. 즉, 그 옷은 자신이 스스로 선택한 것이 아니다. 심리치료로 비교한다면 지시적 상담으로 치료를 받은 셈이다.

그런데 만일 백화점에서 판매원이 제공한 정보를 귀담아 듣고 심사숙고한 끝에 자기가 옷을 고른 경우는 이를 환불하는 경우가 드물다. 왜? 자기 스스로 선택했기 때문이다. 상담 법으로 말한다면 비지시적 상담으로 치료를 받았기 때문이다. 로저스는 정신질환자들이라 해도 자기 선택, 자기 판단, 자기 성장능력이 있다고 믿는다. 그래서 정신분석가가 하는 것처럼 정신분석을 하여 병의 원인을 설명해 주면 그것은 일시적인 효과를 보인다고 한다. 옷을 다시 바꾸러

오는 것처럼 다시 다른 의사를 찾는다고 한다. 그러나 비지시적 상담법으로 치료를 받으면 스스로 자기 문제를 깨달아 그것을 해결하는 방법까지 발견할 수 있는데, 그렇게 되면 병이 완쾌되고 재발하지 않는다는 것이다. 스스로 치료 방법을 터득했기 때문이다.

비지시적 상담은 상당히 고차원적인 방법이다. 즉, 정서 조절을 의사나 심리학자가 해 주는 것이 아니다. 그들은 다만 공명판의 역할을 해서 환자가 자신의 문제를 드러내고 감정을 토로하여 감정의 원인을 분석하도록 무대를 만들어 줄 뿐이다. 그리고 환자의 정신과적 문제를 야기한 정서를 환자 스스로 해결 또는 조절하는 것이다. 비지시적 상담법은 우리가 타인의 정서를 함부로 조절하려는 만용을 경계하고 있다.

비지시적 방법의 중요성을 또 다른 맥락에서 살펴보자. 우리는 윗사람으로부터 받는 지시보다는 비지시를 선호한다. 고학년 학생들도 담임선생님의 지시하에 학급회의를 하는 것보다 자신들이 스스로 회의를 열어 결정한 사항을 더 잘 따른다. 이는 고등학생의 진로 지도에서도 마찬가지다. 대학교에서 무엇을 전공하는 것이 좋다고 선생님이나 부모가 판단해 학생을 설득하면 학생은 마뜩하지 않게 본다. 그들은 어떤 과가 무엇을 하는 것이고 앞으로 어떤 과가 유망할 것이라는 정보를 주는 것으로 끝내기를 바란다. 학생은 대학교와 과의 최종 선택을 자신이 정할 때 만족한다.

감수성 훈련 마지막으로 공감대를 형성하기 위한 방법의 일종인 감수성 훈련(Sensitivity training)에 관해 설명하고자 한다. 감수성 훈련이란 기업에서 부서원들 간의 인간관계능력을 향상시키기 위해 심리학자들이 개발한 프로그램이다. 부서의 능률은 각 개인의 능력보다 부서원 간의 협동이 있을 때 더 높아진다. 즉, 팀워크가 잘 되어야 능률이 오른다. 그런데 우리는 여러 가지 면에서 서로 부딪힌다. 성격이 서로 안 맞고, 인생관이나 철학이 다르고, 또 서로 경쟁하고 질투하기 때문이다. 그래서 부서원 간의 감정을 서로 잘 이해하도록 하는 훈련을 할 필요가 있다.

한 회사의 감수성 훈련은 한적한 강원도에 가서 부서원들이 서로 발가벗고 목욕을 하는 것에서 시작된다. 즉, 서로 몸을 만지는 스킨십부터 시작하는 것이다. 서로 적나라하게 자신을 털어놓기 위한 사전 작업이다. 그다음부터는 할 일이 아무것도 없다. 교육자가 강의실에 부서원들을 모아 놓고 먼 산만 쳐다본다. 부서원들은 왜 교육자가 강의를 하지 않는지, 왜 어떤 주제를 주고 토의하도록 지시하지 않는지 의아해한다. 하루 종일 교육자로부터 아무런 통첩이 없자 부서원들은 자신들의 행동에 대해서 이야기하기 시작한다. 어떤 부서원이 왜 이런 교육을 시작하는가 하고 투덜대면 다른 사람이 그 사람이 한 말에 대해서 자기 나름대로 이야기를 한다. 그런 다음부터는 각자가 상대방에 대해서 갖고 있는 평소의 감정을 솔직하게 털어놓는다. 그러면서 교육생들은 점차 이 교육의 목적이 평소 회사 내에서 부서원들이 상대방에 대해 갖고 있는 감정을 토로하고 이를 이해하기 위한 것임을 깨닫게 된다. 3박 4일 동안 이런 식으로 토론을 하면 상대방에 대한 잘못된 인식이 밝혀지고 서로를 이해하는 공감대가 형성된다. 즉, 상대방을 정확하게 이해하는 감정파악능력과 공감능력이 형성되는 것이다.

물론 이 교육에는 교육자가 따로 있다. 그런데 교육자의 역할이란 부서원들이 자신의 솔직한 감정을 토로하라고 격려하는 것과 주제가 다른 방향으로 흐르는 것, 예컨대 대화 내용이 쓸데없는 정치 문제, 경제 문제로 번지는 것을 방지하는 것이다. 감수성 훈련 시 교육자는 감정의 이해가 중요하므로 솔직한 감정을 토로하라고 주문한다. 그러면서 교육자가 피교육자에게 들려 주는 대표적인 예가 하나 있다. 이 예를 들어 보면 감수성 훈련이 왜 중요한가를 쉽게 알 수 있다. 다음의 어느 부부의 이야기로 살펴보기로 한다.

어느 부부 이야기　한 부부가 있다. 남편은 대기업 전무로 대한민국 엘리트 중에서도 엘리트다. 그래서 입사한 이래 고속 승진을 해왔다. 아내는 그가 부장직에 있을 때 만난 고졸 출신의 예쁜 여사원이었다. 두 사람은 학력상 그리고 지위상 큰 격차가 있지만 결혼하는 데 아무런 장애가 없었다. 남편은 여자란 무조건 예뻐야 한다고 생각했고, 아내는 남자란 무엇보다 출세할 능력이 있어야 한다고 믿었기 때문이다. 그래서 부부는 행복했다. 그러던 어느 날 남편이 자기 부서의 직원들을 집에 초대해 파티를 열었다. 부하들의 친목을 도모하기 위해서였다. 음식을 나누며 재미있는 이야기가 만발했다. 그러던 중 화제가 갑자기 강원도 설악산에 케이블카를 설치하는 문제로 넘어갔다. 이 부장이 강원도 오색약수터에서 대청봉까지 케이블카를 놓으려는 정부의 계획에 대해 자신은 찬성이라고 했다. 그러자 남편은 반대라고 했다. 그러면 설악산이 오염되어 훼손된다는 것이다. 그러자 부하직원들이 사모님은 어떻게 생각하는가 하고 물었다. 아내는 케이블카 설치를 찬성한다고 말했다. 술자리가 파하고 부부는 설거지를 하기 시작한다. 그러다 남편이 불쑥 아내에게 이렇게 말했다. "당신 오늘 한 행동이 어땠는지 기억나? 이 부장 무릎에 걸터앉듯이 바짝 붙어 있었어! 그리고 또 그게 무슨 말이야. 설악산에 케이블카를 놔야 한다니! 남편이 반대하는데 여자가 남편 말은 듣지 않고 이 부장과 짝짜꿍을 하고 있으니 이 무슨 집안 망신이야!" 이 말에 아내는 다음과 같이 항의한다. "아이고, 당신 무슨 말이 그래요? 지금이 어느 시대인데 여필종부(女必從夫)라는 말을 해요. 이러니까 당신이 구세대(The old fashioned)지요". 이 말은 들은 남편은 잠깐 주춤했다. 아내가 무슨 뜻으로 자기를 구세대라고 했는지 그 의도를 잘 몰랐기 때문이다. 요즘 나이가 60대가 되고 보니 잠자리 횟수가 부쩍 줄어들었다. 남편은 아내가 자신의 고개 숙인 남성을 조롱하는 것이 아닌가 하고 한 발 물러서며 그 의도를 떠 보았다. 남편은 "내가 무슨 구세대야! 내가 회사의 젊은 사람들 한테 얼마나 인기가 있는데."라고 말하며 부인이 이 말을 인정하기를 은근히 기대했다. 그러나 아내는 막나갔다. "당신이 젊은이들에게 인기가 있기는 뭐가 있어! 기껏해야 여자 비서들에게 인기가 있겠지. 그런데 그 비서들이 당신을 정말로 좋아하는지 아세요? 당신에게 잘 보여 보너스나 두둑이 받자는 심보지요. 그러니 정신 차리세요. 당신은 이제 노인이에요." 이 말을 들은 남편은 머리끝까지 화가 났다. '이제 여편네가 공개적으로 나를 노인 취급하는구나.' 이렇게 생각하면서 아내를 공격하기 시작했고 이혼하자는 말을 해도 자기는 놀라지 않겠노라고 폭탄선언을 했다. 그러자 아내도 이혼 얘기는 당신이 먼저 꺼냈으니 계속 이런 식으로 나온다면 자기도 이혼할 각오가 되어 있다고 강경하게 맞받아쳤다.

이 부부는 평소 잉꼬부부로 소문이 나 있었는데 왜 갑자기 파국으로 치달았을까? 그 원인은 자신의 감정을 솔직하게 표현하지 않았기 때문이다. 감수성 훈련 방법으로 대화를 했다면 아무 문제도 없었을 것이다. 그러면 이 부부는 어떻게 대화를 했어야 하는가? 다음과 같은 방식으로 이야기를 나누면 더 좋았을 것이다.

남편: 여보, 오늘 나 기분이 좀 상했어. 당신 아까 내내 이 부장 무릎에 걸터앉듯이 바짝 붙어서 이 부장과 소곤소곤거렸지? 혹시 당신 이 부장 좋아하는 것 아냐? 나를 아직 사랑해? 물론 나는 당신을 예나 지금이나 사랑해. 그런데 요즘 내가 좀 체력이 달리는 것 당신도 알고 있지? 잠자리에서 당신을 충분히 만족시켜 주지 못하는 것 같아. 그래서 당신을 잃을까 봐 전전긍긍해. 여보, 나를 버리지 않을 거지?

아내: 오늘 저도 기분이 안 좋았어요. 우리가 아까 자녀교육을 위해 여러 학원에 다 다녀야 하는가로 갑론을박했을 때 제가 먼저 애들에게 학원을 여러 군데 다니게 해야 한다고 말했죠. 그러자 당신이 바보 같은 소리 하지 말라고 답했어요. 공부는 마라톤이라서 끝까지 열심히 하는 사람이 우승한다고 말했죠. 그래서 전 기분이 나빴어요. 나도 어떻게 자녀를 교육시켜야 하는지 잘은 몰라요. 그러나 당신이 나의 의견을 무시해 버려서 자존심이 상했던 거예요. 그런 말은 우리 둘이 있을 때 하면 아무런 문제가 없어요. 그러나 여러 사람이 있는 곳에서 나를 모욕하니 화가 나죠. 그래서 당신에게 질투심을 불러일으키기 위해 일부러 이 부장에게 바짝 다가가 앉았고 케이블카 문제도 무조건 이 부장 의견에 따른 거예요. 내가 당신의 정력이 떨어졌다고 언제 불평하던가요? 내가 당신을 사랑하는 건 당신도 잘 알지요? 이혼은 무슨 이혼, 그런 이야기는 꺼내지도 말아요.

만일 애초부터 부부가 상대방에 대해 오늘 술자리에서 느꼈던 감정을 솔직하게 토로했다면, 이혼하자는 말 대신에 그날 저녁 잠자리에서 다시 한 번 몸이 뜨겁게 불타올랐을 것이다. 그러나 이들은 자존심 때문에 자기의 진정한 느낌을 숨기고 거짓말로 일관한 것이다. 어떤 자존심인가? 남자는 자기가 정력이 점점 떨어진다는 불안감이 있지만 그것을 인정하기가 힘들었다. 그리고 이 부장을 질투한다는 것도 사내대장부가 할 일이 아니었다. 자존심 문제는 부인에게도 있었다. 부인은 고졸 출신이라 남편에게 항상 열등감을 갖고 있었다. 그런데 오늘 여러 사람 앞에서 자기 의견을 무시당했다. 그래서 자존심에 상처를 입었고 그 반발로 남편 의견에 반대하고 이 부장과 붙어 앉아 질투심을 불러일으켰다.

감수성 훈련에서는 우리가 느끼는 그대로 자기의 감정을 토로하라고 격려한다. 평소 우리는 자기의 감정은 속이고 남을 비판하는 식으로 대화를 한다. 이 부부가 처음에 대화한 방법이 바로 그런 방식이다. 비판은 비판을 낳고 적대감을 증폭시킨다. 반면, 우리가 감정을 표현하면 이것은 문제가 되지 않는다. 감정은 남을 비판하는 것이 아니다. 자신이 느낀 감정을 표시하는 것이다. 예컨대 위의 남편이 부인에게 "내가 잘못 생각하고 있는지 모르지만 당신이 나를 이제 늙은이로 간주하는 것 같아 기분이 나빴어. 이것이 잘못된 생각인지도 모르지만 솔직한 나의 느낌이야."라고 말하는 것이다. 이

이야기를 들은 아내는 남편이 그렇게 느꼈다는 것에 대해 비판할 수
없다. 왜? 그것은 남편의 개인적인 느낌 또는 추론이기 때문이다.
그러나 느낌을 있는 그대로 말해야 한다. 앞에서의 처음 대화처럼
자존심 때문에 자기 느낌을 솔직히 표현하지 않고 상대방의 행동만
을 비판해서는 안 된다. 그러면 대화를 통해서도 문제가 해결되지
않는다.

　남의 감정을 조절하는 것은 쉬운 일이 아니다. 그러나 대화가 솔직
하게 진행되어 자신의 감정을 표현하면 서로 상대방의 잘못된 감정
을 지적하고 이를 교정해 줄 수 있다. 그러기 위해서는 솔직한 감정
표현법 그리고 상대방과 공감대를 형성하는 상담치료자의 공명판
역할을 우리가 잘 익혀야 한다. 또 타인의 감정을 조절하는 것은 지
도자가 해야 할 일의 하나이기도 하다. 이 문제에 관해서는 뒤에 자
세히 살펴보기로 한다.

정서를 활용할 수 있는 능력

　정서를 활용한다는 것은 무엇을 의미하는가? 감정을 자신의 성공
이나 성취에 이용한다는 것이다. 2장에서 열정, 희열, 자부심, 성취
감, 몰입 등의 감정이 성취와 관련된 감정임을 설명했다. 즉, 이들

감정은 우리가 어떤 과제에 몰두하고 그 일을 성취하는 데 필요한 요소다.

에로스의 승화 성취 관련 감정은 어디서 기원하는가? 프로이트는 에로스, 즉 성적 에너지가 성취동기의 출발점이라고 보고, 이는 예술이나 사업과 같은 성취 활동으로 승화(昇華)된다고 주장했다. 에로스가 예술로 승화되는 경우를 살펴보자. 단테는 베아트리체라는 여인에게 구애했지만 그녀는 단테를 본체만체했다. 단테의 베아트리체를 향한 에로스가 좌절되자 그 에로스는 〈신곡〉이라는 유명한 작품으로 승화되어 나타났다.

프로이트는 음악, 미술, 무용, 문학 등과 같은 예술 활동이 에로스가 승화된 것이라고 주장했는데, 그 이유로 이 예술 작품에는 성적인 요소가 많이 들어 있음을 들었다. 예컨대, 무용에서 하는 대부분의 동작은 성적 욕망을 나타낸다는 것이다.

여기서 성취 관련 감정의 출발점이 성적 욕망인가를 따지는 것은 중요치 않다. 중요한 것은 에로스가 승화된다는 프로이트의 주장이다. 즉, 단테가 했듯이 우리가 못 이룬 사랑의 열정을 잘 이용하면 훌륭한 성공을 거둘 수 있다.

에로스가 사업으로 승화한다는 것은 우리나라 속설에서도 발견할 수 있다. 옛말에 "아침에 성기(性器)가 발기하지 않는 사람에게는 돈을 꾸어 주지 말라."라는 것이 있다. 에로스, 즉 정력이 많은 사람은 아침에 발기하기 마련이다. 그런데 발기가 되지 않은 사람은 정력이 부족한 사람이고 그런 사람은 어떤 사업을 하더라도 성공하지 못한다는 것이다. 왜냐하면 열정이 부족하여 사업에 매진하지 못하기 때문이다. 그래서 그런 사람에게 돈을 꾸어 주면 돈을 되돌려 받기 어렵다는 속담이다. 엉뚱한 속담이기는 하지만 인간이 살아오면서 터득한 지혜를 반영하는 것이 대부분이다. 그래서 이 속담도 진실일 가능성이 높은데, 프로이트의 승화이론과도 일맥상통히는 부분이 있는 것이다.

정서지능이 인지지능보다 성공을 더 잘 예측해 준다는 사실은 이 장의 앞에서 자세히 언급했다. 다시 간추리면 정서지능이란 개인의 성취동기, 의욕, 열정, 자부심, 몰입 등의 성취 관련 감정을 모두 망라하는 바 개인이 이런 감정을 잘 활용할 수 있는 능력이 있는가를 말한다. 그러므로 정서지능은 우리가 성공할 수 있는지의 여부를 더 잘 예측해 준다. 그러나 인지지능은 이런 정서능력을 도외시한다. 따라서 인지지능은 개인의 성공을 잘 예측하지 못하기 마련이다.

감정을 활용하여 성공하려면 먼저 호기심을 유발해야 한다. 호기심은 우리가 성장함에 따라 개인의 흥미와 적성으로 발전된다. 우리는 자신의 흥미와 적성이 어디에 있는가를 파악해야 한다. 그러나 사실 어디에 적성이 있는가를 스스로 알기는 쉽지 않다. 적성검사를 받아 보면 자신의 흥미와 적성을 잘 파악할 수 있다.

자신의 적성이 무엇인지 판단을 내린 다음, 적성에 적합한 전공과 직업을 선택해야 한다. 예컨대, 사람에 관심이 있다면 심리학과, 기계에 관심이 있다면 자동차 관련 학과, 항공기제작과, 조선학과 등을 택해야 한다.

일단 우리가 자신의 적성에 맞는 것을 평생 직업으로 택한다면 우리는 그 자체로 행복할 것이다. 왜? 우리가 하고 싶은 것을 하고 살기 때문이다. 돈 때문에 하기 싫은 일을 평생 동안 하는 사람처럼 불행한 사람은 없다. 일단 자기가 하고픈 일을 하면 그 일에 매진하고 몰입할 수 있다. 우리는 진정으로 하고 싶은 일을 할 때는 밥 먹는 시간이나 잠자는 시간도 아까워 이를 단축하고 자기 일에 매진한다. 그러다 보면 자기도 모르게 유명한 예술가, 과학자, 교수가 된다. 성취 관련 감정은 단계적으로 개발해야 한다. 어린아이에게 호기심을 불어넣는 것이 부모가 제일 먼저 해야 할 일이다. 이 문제는 정서 개발 장에서 더 자세히 다루기로 한다.

부정적 정서의 활용 앞에서는 성취와 관련한 긍정적 정서만을 다루었다. 그런데 사실 부정적 정서도 잘 활용하면 우리가 성공하는 데 발판이 된다. 고대 그리스의 유명한 웅변가 데모스테네스는 사실 말이 굼뜨고 말을 더듬어 친구들로부터 조롱을 많이 받았다. 그래서 그는 의기소침해지고 열등감에 사로잡혀 우울했다. 그러나 데모스테네스는 자기패배감에 주저앉지 않았다. 오히려 오기로 자신을 채찍질했다. 그는 '오냐, 두고 보자. 열심히 웅변을 배워서 너희들에게 본때를 보여 주겠다.'라고 생각하고, 밤낮으로 열심히 웅변을 공부하고 연습하여 당대 최고의 웅변가가 될 수 있었다.

실패하고 고난에 빠졌을 때 심기일전(心機一轉)하여 더 큰 성공을 거두는 경우가 많다. 한 번도 실패해 보지 않은 사람보다는 실패를 경험해 본 사람이 오히려 더 성공을 향한 투지를 불태운다. 이런 사람들은 실패 때 가졌던 부정적 정서를 잘 활용한 사람들이다.

두려움은 힘이다! 부끄러움은 선물이다! 동서양을 막론하고 여성들은 남성보다 사회에 진출하는 데 어려움이 많았다. 사회 곳곳에 뿌리 박힌 눈에 보이지 않는 여성차별 때문이다. 2008년 서울에서 열린 '세계여성포럼'에서는 많은 여성 CEO들이 자신이 사회에 진출하면서 겪은 부정적 정서를 어떻게 이겨 나가고 활용했는지를 보고했다. 두려움과 부끄러움은 우리를 움추러들게 하고 주눅 들게 만든다. 이런 감정은 남성보다 여성에게 더 많은데, 그 이유는 남성 위주의 사회, 남존여비(男尊女卑) 사상 때문이다. 그러나 목표를 내세우고 추구하면서 부끄러움과 두려움을 느꼈던 많은 여성 CEO들은 이를 역이용하여 성공했다. 이들의 성공담이 신문에 보도된 적이 있다.

…… 22~23일 열린 세계여성포럼에서 세계를 무대로 활동하는 '잘나가는 여성'들이 털어놓은 두려움과 부끄러움은 세상을 향해 나가고 싶은 많은 여성들에게 위로와 용기를 줄 만했다. "나는 책을 쓸 때 출판되지 못할까 봐 부끄러웠다. 하지만 내가 부끄러워하는 모든 것들에 대해 글을 쓰기 시작했고, 그것을 모두 드러냈을 때, 12년 만에 첫 책을 낼 수 있었다." 데뷔작 〈백만장자를 위한 공짜 음식〉으로 주목받고 있는 재미 작가 이민진. 그는 "원하는 것을 하고 싶어 하는 욕망을 부끄러워했던 것이 바로 우리 여성들"이라며 부끄러움을 두려워 말자고 눈물을 글썽였다.

CNN 최초의 한국인 앵커였고 오프라윈프리쇼를 거쳐 지금은 아시아 여성의 관심사에 초점 맞춘 '메이리쇼'를 진행하고 있는 방송인 메이리. 그도 부끄러움과 두려움을 말했다. "두려움 자체가 나에게는 동기부여였다. 실패하더라도 거기서 얻는 것이 있다고 생각한다." 모노 드라마 〈그리하여, 화살은 날아갔다〉로 뉴욕의 실험 무대에서 주목받고 있는 채에스터 씨는 "원하는 것을 찾아가는 일은 두려움으로 가득하다. 왜 이렇게 많은 어려움을 스스로 불러오는가? 원하는 것을 갖기 위해서는 당연한 일이다."라고 했다.

…… 여성이자 아시아인으로 이중 삼중의 소수 범주에 속했을 이들이 얼마나 많은 두려움과 부끄러움의 장벽을 넘어 왔을까. 자기 목소리, 여성의 목소리를 내기 위해 10년, 20년 넘게 스스로와 맞서 온 이들의 '현장형 여성주의'는 부끄러움과 두려움을 인정하고 넘어서는 것이 바로 용기와 강인함이라고 증언한다.

…… 그러고 보면, 일찌감치 부끄러움의 힘에 주목했던 것도 여성 작가 박완서였다. 단편 〈부끄러움을 가르칩니다〉에서 그는 부끄러움을 "마비가 풀릴 때 찾아오는 고통 같은 것"이라며 "나는 내 부끄러움의 통증을 감수했고, 자랑을 느꼈다."고 했다. 부끄러움은 고통이지만, 그것을 인정하고 넘어설 때 힘이 된다. 그것이 비단 여성에게뿐이랴. 부끄럽고 두려운 일이 끊이지 않는 우리 사회에 꼭 필요한 일이다.

박선이(2008. 10. 24.) [전문기자 칼럼] 부끄러움은 힘이다.

* * * * * *

감정을 느끼고 이를 표현하는 것은 아주 중요하다. 감정표현은 대인관계를 돈독히 하기 때문이다. 자신은 물론 남의 감정을 잘 판독하는 것이 중요하다. 즉, 지적 능력인 지능 못지않게 감정을 잘 판단하고 이를 조절할 수 있는 능력, 즉 정서지능이 중요하다. 정신병은 근본적으로 감정상의 피해를 보고 감정을 억압했기 때문에 발생한다. 따라서 심리치료사가 할 일은 환자가 어떤 정서적 피해를 보았는가를 파악하고 환자의 감정 표출을 도와주는 것이다. 그러기 위해서 심리치료사는 환자가 감정을 표현할 때 공명판 역할을 해야 한다. 친구의 정서를 조절해 주려면 우리가 친구와 공감대를 갖도록 노력하고 친구가 감정을 표현할 때 공명판 역할을 해 주어야 한다.

우리가 대인관계를 잘 하려면 서로 솔직할 필요가 있는데 상대방에 대해 갖고 있는 자신의 감정을 있는 그대로 표현하는 것이다. 이런 감정표현을 가르치는 교육 방법 중의 하나가 감수성 훈련이다.

정서는 우리가 하는 일에 몰두하게 만들고 의욕을 불어넣어 과업을 성취하는 데 도움을 준다. 프로이트는 성적 에너지가 승화되어 의욕으로 전환된다고 주장한다. 또한 자신의 정서를 잘 활용하는 능력도 정서지능의 한 요소가 된다. 부정적 정서, 예컨대 두려움과 좌절도 잘 활용하면 성장의 발판이 된다.

04

분노 다스리기

분노 다스리기

분노는 인간의 기본정서 중 하나다. 어린아이도 분노를 느낀다. 앞에서 말했지만 생후 몇 주 안 된 아기를 움직이지 못하도록 두 어깨를 꽉 잡으면 아기는 벗어나려고 안간힘을 쓰고 그래도 안 되면 결국 화가 나 울음을 터뜨린다.

앞에서 A군의 부모 살해 이야기, 그리고 김재규의 박 대통령 살해 사건을 언급하면서 분노가 얼마나 강력한 정서인지, 분노를 잘못 다루면 우리의 일생을 어떻게 망치게 되는지를 환기했다. 이 장에서는 분노 또는 분노의 행동 표출인 공격성에 관해서 더 깊이 살펴보기로 한다. 먼저 자신의 분노를 다스리는 방법을 알아보고, 그 다음에 타인의 분노를 누그러뜨리는 방법을 살펴본다. 이어서 대인관계와 사회에서 문제가 되는 위험한 분노에 대해서도 분석해 본다.

분노의 원천

어느 날 아침 당신이 상사에게 중요한 보고서를 제출했다고 가정해 보자. 그날 정오에 상사가 당신의 사무실에 들어와 책상 위에 보고서를 내던지며 다음과 같이 말한다. "당신, 글 쓰는 것 어디서 배웠소? 열여덟 살짜리 내 아들 녀석도 이보다는 더 잘 쓰겠소." 그리고 계속 여러 가지 이유를 들어 당신의 보고서를 호되게 비난한다. 당신은 이에 어떻게 반응할까? 아마도 변명하거나 단지 화를 참고 있을 것이다. 왜냐하면 결국 그는 당신의 상사이고 당신이 할 수 있는 일은 아무것도 없기 때문이다. 그러나 그가 당신 보고서를 비판하는 동안 당신은 다음과 같이 생각할 것이다. '도대체 나를 뭘로 생각하는 거야? 어떻게 감히 내게 이런 식으로 말한단 말인가? 어디 두고 보자. 복수할 거야.'

이 사건은 왜 우리가 분노를 느끼는가를 암시한다. 분노와 공격성은 다른 사람이 우리를 언어적·신체적 또는 정신적으로 도발한 경우에 발생한다. 타인이 공격할 때 우리는 다른 뺨도 내밀지 않는다. 그 대신 우리는 모욕을 받은 만큼, 아니면 그 이상의 공격으로 보복하는 경향이 있다.

그러나 모든 상황에서 우리가 분노하는 것은 아니다. 상대방이 나를 공격한 것이 비의도적인 것임을 알면 우리의 화는 자연히 누그러진다. 존슨과 룰이 이를 실험으로 증명했다(Johnson & Rule, 1986). 실험조교가 피험자들을 강하게 모욕한 다음 연구자들은 피험자들이 실험조교에게 보복할 기회를 제공하고 보복의 정도를 측정했다. 더불어 피험자의 생리적인 반응을 측정했는데 이는 피험자가 얼마나 분노했는가를 알아보기 위한 것이다. 그런데 피험자들 중의 반은 그들이 모욕을 당하기 전에, 실험조교가 화학시험에서 불공평하게 낮은 점수를 받아 매우 언짢아하고 있다는 말을 우연히 들었다. 나머지 반은 모욕을 받은 후에 이런 정보를 들었다. 실험 결과는 아주 재미있게 나타났다. 모욕을 당하기 전에 실험조교가 화가 나 있었다는 정보를 받은 피험자들은 모욕을 받은 후 이 정보를 받은 피험자들에 비해 분노가 적었고(심장박동으로 측정), 실험조교에 대한 보복의 정도도 더 낮았다. 즉, 피험자가 실험조교에게 보복으로 준 강한 소음충격에서 이런 현상이 나타났다. 우리가 어떤 사람이 우리에게 화를 낼 때 사전에 그가 어떤 다른 이유로 화가 나 있었다는 사실을 알고 나면, 그래서 우리에게 화를 낸 것이 우리 때문이 아닌 다른 것에 그 원인이 있다는 사실을 알면 우리의 분노는 상당히 완화된다. 즉, 공격의 비의도성은 우리의 화나 공격 행동을 경감하는 역할을 한다. 이 결과는 다른 사람이 우리를 공격하더라도 우리가 자동적으로 반격하지 않는다는 것을 암시한다. 우리의 반격 행동은 우리가 그 사람의 공격 행동 뒤에 숨어 있는 원인이 무엇인가를 지각하는 것에 달려 있다. 그러므로 우리는 자신이나 타인의 공격성에 영향을 주는 요인들이 무엇인지를 잘 살펴보아야 한다.

각성의 고조 A군의 사건을 설명하면서 알코올은 우리 감정의 각성(arousal)을 고조(高調)시킨다는 사실을 이야기했다. 즉, A군이 위스키를 몇 모금 마셨기 때문에 그의 어머니에 대한 분노가 더 고조되었다고 말했다. 이는 김재규의 박 대통령 시해 사건에도 해당한다. 김재규의 심복이었던 박흥주가 김재규에게 다가와 코드 원, 즉 박 대통령도 시해할 것인가를 재차 확인했을 때 김재규는 서슴없이 고개를 끄덕였다. 만일 그가 술을 마시지 않는 자리에서 박 대통령과 차지철을 만났다면 김재규의 감정이 누그러져 생각이 변했을 수도 있다. 그러나 그는 이미 술에 취해 감정 통제의 사슬이 풀려져 있었다. 그런데 분노의 각성에 영향을 주는 또 다른 요인이 있다. 이제 이에 관해 설명하기로 한다.

당신은 친구를 만나기 위해 공항으로 가는 왕복 2차선 도로를 이용해 차를 운전하고 있다. 앞에 천천히 가는 트럭이 한 대 있어서 이 차를 앞지른다. 그때 반대쪽에서 오던 차의 긴 경적소리가 당신의 고막을 찢는다. 당신은 급히 브레이크를 밟고 간신히 반대쪽에서 오는 차와 아슬아슬하게 충돌을 피한다. 그 운전사는 화가 난 듯 경적

소리를 계속 울리면서 욕을 하고 갔다. 당신은 크게 놀라 가슴이 방망이질 치고 있다. 간신히 감정을 억누르고 공항에 도착했다. 친구가 도착할 시간이 거의 다 되었기 때문에 급히 차를 주차시키고 공항 안으로 뛰어든다. 금속 탐지기 앞에 도착했을 때 앞에 한 노인이 서 있다. 그가 통과하려 할 때 경보기가 울리고 노인은 당황한다. 안전요원은 노인에게 주머니를 비우고 다시 통과하도록 설명하지만 노인은 이를 이해하지 못하고 있다. 당신은 자꾸 시간이 늦어져 짜증이 난다. 점차로 참을 수 없고 화가 치밀어 오른다. 당신은 혼자 중얼거린다. "저 노인이 왜 저럴까? 간단한 지시도 이해하지 못하다니! 1분만 더 기다리자! 그래도 노인이 통과하지 못하면 그때는 밀치고 지나갈 수밖에 없다."

만일 당신이 평소 감정 상태였다면 아마도 그 노인이 검색대를 통과하도록 도왔을 것이다. 그런데 지금 당신은 평소와 달리 분노하고 있다. 그 이유는 당신이 조금 전에 차 사고로 죽을 뻔했고 게다가 그 운전사의 욕 때문에 지금 화가 단단히 나 있기 때문이다. 즉, 조금 전에 가졌던 분노가 금속 탐지기 상황에 전이(轉移)되어 감정이 격화되어 있다.

분노 감정이 전이된다는 사실은 우리가 일단 화가 나면 이것이 해소되는 데 다소 시간이 걸린다는 것을 의미한다. 그래서 우리가 직장에서 화가 나면 집에 와서 평소에는 아무렇지도 않게 생각했던 사소한 일에 발끈한다. 이 분노는 대개 하루나 이틀 정도면 사라지지만 어떤 분노는 매우 오래 간다. 예컨대, 직장에서 승진에 누락되거나, 고3 학생이 수능시험을 망친 경우는 분노가 상당 기간 지속된다.

부모로부터 받은 차별이나 냉대는 일생 동안 마음속에 남아 있는 경우가 있다. A군의 경우가 대표적이다. 어머니는 남편과의 불화, 친정어머니의 치매 때문에 심신이 지쳐 있었고 이에 따른 스트레스를 자녀들에게 쏟았다. 그래서 자녀들을 스파르타식으로 훈육했다. 부모에게 대들지 못하게 하고 항상 존댓말을 쓰게 했다. 그래서 A군의 어머니는 친구들이 자기 자녀들이 말을 안 듣는다고 불평하면 왜 자녀를 그렇게 키우느냐고 따끔하게 충고했다. 친구들은 A군 어머니의 집에 전화를 걸었을 때 자녀들이 아주 공손하게 전화를 받는 것을 보고 모두 그녀의 자녀 교육을 인정했다. A군의 이웃들도 그녀가 아들을 너무 속박하고 강압적으로 다루는 것을 보고 못마땅해 할 정도였다. 결국 어머니의 이러한 스파르타식 교육은 A군의 마음에 지울 수 없는 상처를 남겨 놓았다. 그것은 분노였고, 증오였다. 그래서 어머니와 큰 언쟁을 한 후에 술 몇 모금 마시고 어머니를 살해했던 것이다.

전겸구는 『똑똑하게 분노를 다스리는 법』(2007)이라는 책에서 역지사지(易地思之) 방법을 언급했다. 즉, 우리가 화났을 때 상대방의 입장에 한번 서 보라는 것이다. A군의 경우로 말할 것 같으면 어머니 입장에서 자신을 바라보라는 것이다. A군이 어머니를 이해하려면, 남편이 장성 진급을 할 큰 인물로 알았는데 중도에 전역해 실망한 점, 그러면서도 남편이 자기를 부하 다루듯 한 점, 친정어머니가 치매를 앓고 있는 점, 부부가 오랫동안 각방을 쓰며 불화한 점, 그래서 유일하게 희망을 걸고 있었던 것이 둘째 아들이라는 점 등의 상황을 바라보아야 한다. A군은 이런 상황 때문에 어머니가 자신에게 가혹하게 굴며 스파르타식으로 훈육한다는 것을 이해하게 될 것이다. 또한 자신에 대한 어머니의 가혹 행위는 사실 어머니가 자신을 사랑하기 때문이었다는 사실도 이해하게 될 것이다.

역지사지로 생각하면 A군이 오히려 어머니를 측은히 여겨야 한다. 어머니를 증오해서는 안 된다. 사실 따지고 보면 A군의 어머니는 A군에게 큰 기대를 했다. 그가 이른바 명문 고교에서도 반 수석과 전교 8등 이내의 실력을 놓치지 않았기 때문이다. 그래서 A군에게 나름의 애정을 기울이면서 다른 부모가 하지 못하는 특별한 교육을 시켰고, 엘리트 교육을 한다는 이유로 고가의 오페라 공연을 어머니와 A군 둘이서만 감상했으며, 매주 TV에서 방영하는 〈주말의 명화〉를 녹화하여 함께 감상하곤 했다. 따라서 아들이 만일 어머니와 크게 언쟁한 후에라도 역지사지의 견지에서 어머니의 행동을 분석했더라면, 이와 더불어 어머니가 자신에게 각별한 정성을 기울였다는 사실을 회상했었더라면 A군은 어머니에 대한 분노를 어느 정도 누그러뜨릴 수 있었을 것이다. 하지만 일단 분노가 점화되면 이를 진화하기란 쉽지 않다. 그래서 화를 참고 역지사지로 생각하는 것은 말은 쉬워도 행동으로 옮기기란 어렵다.

앞서 말했듯이 불화가 생기면 이를 진정시키는 냉각 기간을 갖는 것이 중요하다. 그래서 일단 감정을 가라앉히고 그 원인을 냉철히 분석하며 역지사지식의 사고를 하는 것이 필요하다.

이제 타인의 분노를 가라앉히는 방법에 관해서 논의하자.

타인의 분노 앞에서 타인이 나를 공격한 것이 의도한 것이 아님을 알면 내가 타인에 대한 분노를 완화하는 데 도움이 된다는 것을 알았다. 그런데 이런 방식은 타인의 분노를 경감시키는 데도 도움이 된다. A군의 어머니는 여러 가지 방법으로 A군을 학대했지만, "얘야, 미안하다. 내가 그때 너에게 너무 심하게 했구나. 그때는 나도 여러 가지로 스트레스가 많아서 마음이 편하지 않았다. 지금 생각하면 너에게 너무했다는 생각이 든다."라고 어머니가 자신의 행동을 해명하고 의도성이 없었다고 사과했다면, A군은 어머니를 이해하게 되어 어머니를 살해하는 패륜행위를 하지 않았을 것이다. 그는 나중에 자신의 죄를 뉘우치면서 "어머니, 미안하다고 말하기가 그렇게 어려웠나요?" 하면서 절규했다.

그러나 우리는 사실 자신의 잘못을 사과하기가 그렇게 쉽지가 않다. 앞 장에서 우리는 감수성 훈련에 관해 언급했고, 그 예로 잉꼬부부였던 대기업 전무 부부가 사소한 오해 때문에 크게 부부싸움을 한 후 이혼하자는 이야기까지 꺼냈던 것을 살펴보았다. 왜 그들이 그렇게 자신의 행동에 대해 사과하기보다 해명하기에 바빴는가? 그것은 자존심 때문이다. 즉, 남편은 자기의 정력이 점점 떨어지는 것에 대해 자존심이 상해 있었고, 부인은 자신의 학력이 고졸이란 것에 늘 열등감을 느꼈다. 그런데 상대방이 서로 자신의 자존심을 건드리는 행동을 했고, 이것이 두 부부가 싸우는 결과를 초래했다.

앞에서 두 사람 간에 불화가 생기면 당사자들이 냉각기를 갖고 역지사지식의 사고를 하는 것이 필요하다고 말했다. 그러나 이런 방법이 반드시 좋은 결과를 가져오지는 않는다. 분노의 원인 문제는 해결되지 않기 때문이다. 이를 근본적으로 해결하는 방안은 심리학자를 찾는 것이다. 그러면 심리학자가 감수성 훈련과 같은 방법으로 당사자들의 감정을 말끔히 정화시켜 줄 수 있다. 즉, 심리학자들은 부부가 서로 비난하기보다 솔직한 대화를 통해 상대방의 감정을 상호 이해할 수 있도록 이끌어 준다.

외국에는 부부상담을 해 주는 심리학자들이 많다. 이들은 부부 중 어느 하나만을 상대로 상담치료하는 것은 근본적인 해결 방안이 아니라는 것을 잘 알고 있다. 최선의 방법이란 두 사람을 함께 앉혀 놓고 상담하는 것이다. 그래서 저자는 독자들 중에 부부 간 불화가 있다면 심리학자로부터 부부상담을 받을 것을 적극 권한다.

가족 간의 상담도 마찬가지다. 앞에서 감정부전증을 겪고 있는 여대생의 예를 들었다. 부모가 초등학교 때 이혼한 이후 아버지와 살다가 어머니 곁으로 돌아온 학생이 아버지에 대한 증오를 삭이지 못하고 있다. 이 학생을 돕는 가장 근본적인 방법은 학생과 그 아버지를 함께 상담하는 것이다. 그런데 그것이 성사되기가 어려워 이 학생의 문제는 시간을 오래 끌 수밖에 없다.

각성의 고조와 사과 앞에서 내가 다른 사람을 모욕하거나 화를 낸 경우, 그것이 비의도적이었다고 상대방에게 사과하면 상대방의 분노를 가라앉히고 공격성을 약화시키는 효과를 가져온다고 언급했다. 그러나 가끔 이미 상대방이 어떤 이유로든 감정이 고조되어 있는 경우에 내가 상대방에게 사과하는 것은 그의 공격성을 약화시키는 데 별 효과가 없다. 이에 관한 연구를 살펴보자.

질먼과 칸토는 피험자를 두 집단으로 나누어 한 집단은 높은 수준의 감정 각성을 유발했다(Zillmann & Cantor, 1976). 즉, 실내 자전거 운동 등의 심한 체력 단련을 통해 피험자의 각성 수준을 높였다. 반면, 다른 집단은 체력 단련 훈련 대신 간단하게 몸을 움직이도록 하여 낮은 수준의 각성을 유발시켰다. 그다음 실험조교가 피험자들

이 한 과제 수행에 대해 무례하게 비판적인 평가를 함으로써 그들을
모욕했다. 그런 후 피험자에게 실험조교에 대해 보복할 기회를 주어
조교를 평가하고 재임명 여부를 투표하게 했다. 보복 기회를 피험자
에게 주기 전에 두 집단을 다시 둘로 나누어 한 집단에게는 조교의
무례한 행위가 비의도적이었음을 나타내는 정보를 주었다. 즉, 조교
가 스트레스 상황에서 무례한 행동을 했다는 이야기를 엿듣게 했다.
다른 집단에게는 이런 정보를 제공하지 않았다. 실험 결과가 [그림
14]에 제시되어 있다.

　연구자의 관심은 피험자들의 각성 수준에 따라 비의도성 정보가
복수하는 데 어떤 다른 영향을 주는가를 살피는 것이다. [그림 14]를
보면 자전거를 타지 않아 각성 수준이 높지 않았던 피험자들은 실험
조교의 행동에 대한 정보, 즉 비의도성 정보를 들은 경우 보복의 정
도가 낮았다. 즉, 이들은 비의도성 정보를 받지 않은 경우는 실험조
교에 대한 보복 점수가 73점인 데 비해, 비의도성 정보를 받은 경우
의 보복 점수는 20점으로 낮아졌다. 반면, 실내자전거 운동을 해서
각성 수준이 높아진 피험자들은 비의도성 정보를 들었다 하더라도
공격 수준이 줄지 않았다. 즉, 이 집단의 피험자들은 정보를 받은 경
우 보복 점수가 74점, 정보를 받지 않은 경우 보복 점수가 77점이었
다. 이 차이는 통계적으로 차이가 없는 점수다. 따라서 이들은 높은
각성 때문에 비의도성 정보를 듣든, 듣지 않았든 거의 비슷하게 높

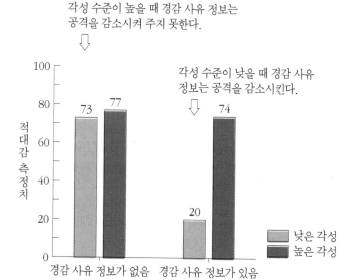

각성 수준이 높을 때 경감 사유 정보는
공격을 감소시켜 주지 못한다.

각성 수준이 낮을 때 경감 사유
정보는 공격을 감소시킨다.

|그림 14| 실험조교는 피험자들이 한 수행에 대하여 비판적인 평가를 무례하게 함으로써 그들을 자극시켰다. 그 뒤, 어떤 피험자들에게는 실험조교가 중요한 시험을 눈앞에 두고 있어 극심한 스트레스 상황하에 있어서 그런 행동을 했다는 정보를 주었고, 어떤 피험자들에게는 주지 않았더니 그런 정보를 받은 피험자들이 덜 공격적인 행동을 나타냈다. 그러한 효과는 피험자들의 각성 수준이 높았을 때는 일어나지 않았다. 이 결과는 각성 수준이 높으면 공격에 영향을 주는 인지적 요소가 거의 효과를 발휘하지 않는다는 것을 보여 준다.

은 공격 수준을 나타냈다.

이 결과는 '정서가 고조되면(즉, 격해지면) 이성(理性)은 창문 너머로 날아가 버린다'는 사실을 입증해 준다. 왜 정서가 고조되면 이성이 작동하지 못하는가? 앞에서 분노가 전이된다는 사실을 언급했다. 즉, 공항에 갈 때 자동차 사고를 간신히 면한 경우 그때 생긴 흥분이 쉽게 사라지지 않아 공항 금속탐지기 앞에서 지체하는 노인을 용서할 수가 없다고 설명했다. 격한 정서는 일단 점화되면 오래 지체되므로 사과나 기타 해명이 잘 먹히지 않는다. 따라서 우리가 상대방의 분노를 해소하려고 섣불리 사과나 해명을 하는 것은 옳지 않다. 일단 상대방의 정서가 가라앉았는가를 확인한 후 사과를 해야만 성과가 나타난다.

분노 모방 당신의 아들이 분노를 잘 다스리는 사람이 되기를 바라는가? 그렇다면 절대로 자녀 앞에서 부부싸움을 하지 말라. 분노는 모방 학습되기 때문이다. 심리학자들은 이 사실을 일찍부터 실험을 통해 증명했다. 반두라 등은 유치원생을 두 집단으로 나누어 그 중 한 집단에게 한 모델을 관찰하게 했는데, 그 모델은 고무풍선으로 만든 보보인형을 난폭하게 다루었다(Bandura, Ross, & Ross, 1963). 그 모델은 인형을 망치로 치고, 발로 차고, 위에 올라탔다. 그 모델을 관찰한 후 아동들을 옆방으로 데리고 갔는데, 거기에는 보보인형을 포함한 몇 가지 장난감이 있었다. 연구자들은 아동에게 장난감을 가지고 놀라고 말하고 아동의 행동을 관찰했다. 모델이 보보인형을 난폭하게 다룬 것을 관찰한 아동은 보보인형을 난폭하게 다루면서 보보인형을 발로 차고 망치로 내리쳤다. 반면, 나머지 유치원생 집단에게는 모델이 보보인형을 사랑스럽게 다루는 것을 관찰하게 했는데, 아동들은 그 모델이 한 것과 같은 행동을 했다. 연구자들은 모델을 여러 가지로 바꾸어 실험했다. 모델은 남성이 되거나 여성이 되었고 지위도 높거나 낮았다. 아동들은 같은 성별의 모델을 더 모방했고 지위가 낮은 사람보다는 높은 사람의 모델을 더 흉내 냈다. 권위적인 아버지는 아들과 성이 같고 또 지위가 높다. 즉, 아들에게 아버지는 절대권력자에 해당한다. 따라서 부부싸움을 자주하는 경우 그 아들은 장성해서 아버지를 본받아 부부싸움을 하고 아내를 폭행하게 되기 쉽다.

폭력 영화와 폭력 게임 폭력이 모방된다는 앞의 연구 결과는 폭력 영상물이 아동에게 심각한 영향을 주는 것임을 암시한다. 실제로 미국의 어느 아동이 TV에서 방영하는 폭력 만화를 옆집 아동과 같이 시청하다가 옆집 아동을 폭행한 사건이 발생했다. 이에 피해자 부모는 가해자 부모를 고발했고, 가해자 부모는 폭력 만화를 방영한 TV 방송국을 고소했다.

심리학자들은 폭력 영화가 아동에게 끼치는 심각한 영향을 실험으로 증명했다. 조지프슨은 초등학교 2, 3학년 학생들을 대상으로 실험을 했다(Josephson, 1987). 한 집단에게는 자전거 경주 팀에 관한 영화를 보여 주었다. 다른 학생들에게는 폭력으로 가득 찬 TV 프로그램의 장면들을 발췌하여 보여 주었다. 폭력물에는 경찰들이 수많은 범죄자들을 죽이거나 때려눕히는 장면들이 담겨 있었다. 그 후에 같은 영화를 본 아동끼리 팀으로 묶어 강당에서 마루하키 (floor hocky) 경기를 했다. 연구자가 학생들의 경기를 관찰한 결과, 폭력 영화를 시청한 학생이 비폭력적인 자전거 경기를 시청한 학생 보다 더 공격 행동을 많이 했다. 즉, 하키 스틱으로 상대방 선수를 때리고 팔꿈치로 밀고 욕을 하는 공격 행동을 더 많이 한 것이다.

폭력적인 영화를 시청하는 것뿐만 아니라 폭력 비디오게임을 하는 것도 비슷한 효과를 가져온다. 슈트 등은 5~7세의 남녀 아동에게 2개의 재미있는 비디오게임 중 하나를 하게 했다(Schutte et al., 1988). 하나는 '카라데카'라는 폭력적인 게임으로 피험자가 주인공들을 게임기로 조종하여 여러 악당을 무찌르기 위해 때리고 발로 걷어차는 게임이다. 다른 하나는 '밀림사냥'이라는 비폭력적 게임으로 주인공이 밀림을 통과할 때 넝쿨에서 넝쿨로 떨어지지 않고 날아다녀야 한다. 그런 후 연구자들은 같은 집단, 즉 같은 게임을 한 아동들을 2명씩 짝을 지어 놀이방에서 놀게 하고 이들을 관찰했다. 그 결과 공격적인 게임을 했던 아동들은 비공격적인 게임을 했던 아동들의 비해 친구와 풍선 인형을 더 많이 때렸다.

부모를 토막 살해한 A군도 폭력적인 비디오게임을 많이 했다. 특히 부모와 언쟁한 후 자기 방에 칩거하면서 스타크래프트를 하루 종일 했다. 그는 검찰의 심문에서 부모의 시신을 화장실에서 토막 내면서 문득 거울을 쳐다보았다고 진술했다. 자기가 지금 겁에 질려 얼굴이 새파랗게 변해 있을 것이라고 생각하면서 거울 속을 쳐다보았다. 그런데 자신의 얼굴이 침착해 보여서 스스로도 놀랐다고 했다. 폭력 게임을 많이 하다 보면 실제 상황에서는 두렵거나 망설이지 않고 폭력 행위를 자행하게 된다. 그 이유는 폭력 게임을 통해 폭력 행위가 자연스럽게 학습되고 습관화되었기 때문이다.

성과 분노 앞에서 우리가 성적으로 흥분하면 그것이 폭력으로 이어질 수 있다고 말했다. 서울 마포구에 살면서 초등학생 2명을 성폭행하고 살해해 암매장했던 살인범의 집에서 100여 개의 음란영상물이 발견되었다. 살인범은 컴퓨터로 수많은 음란영상물을 다운받아 자신의 컴퓨터에 저장했고 비디오테이프도 많이 소장하고 있었다. 음란 영상물, 특히 여성을 폭행하는 폭력성 음란물은 시청자에게 매우 나쁜 영향을 준다. 역시 심리학자들이 이에 관해 실험을 했다. 말라무스 등은 먼저 여성 조교로 하여금 남성 피험자를 화나게 만들도록 했다(Malamuth, Check, & Briere, 1986). 그리고 이들 피험자를 세 집단으로 나누어 각각 다른 영화를 보게 했다. '폭력적인 음란 영상물 시청 집단'은 여성을 강간하고 고문하는 폭력적 음란 영상물을

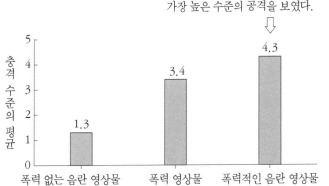

폭력적인 음란 영상에 노출된 피험자들이
가장 높은 수준의 공격을 보였다.

|그림 15| 여성에게 폭력을 행사하는 장면이 담긴 음란 영상물을 본 남성 피험
자들이 성행위 묘사는 없지만 폭력적인 영화를 본 피험자들보다 여성 조교에게
더 공격적이었다. 반면, 폭력이 없는 음란 영상물을 본 피험자들이 가장 공격을
적게 했다. 이 결과는 음란한 내용과 함께 폭력에 노출되면 강한 공격성을 갖
게 된다는 사실을 보여 준다.

보았다. '폭력 없는 음란 영상물 시청 집단'은 노골적인 성행위가 나
오지만 폭력이 없는 음란 영상물을 보았다. 마지막 집단은 성행위가
없고 여성에 대한 폭력만 나오는 '폭력 영화'를 보았다. 이 세 집단
의 피험자에게 각각의 영화를 시청하게 한 후 피험자들이 여성 조교
에게 가상적 전기 충격을 주도록 보복할 기회를 제공했다. 이 가상
적 전기 충격은 조교의 손목에 전깃줄을 연결하고 다른 방에서 피험
자들이 버튼을 눌러 그 조교에게 전기 충격을 가하게 하는 것이다.

피험자들이 50볼트, 100볼트 등의 라벨이 적혀 있는 버튼을 누르면 전류가 조교에게 전달된다고 믿게 했다. 그러나 사실 전류는 전달되지 않았다. 결과([그림 15] 참조)를 보면 '폭력적인 음란 영상물 시청 집단'이 제일 높은 공격성을 나타냈다. 그다음이 '폭력 영화 시청 집단'이었고 '폭력 없는 음란 영상물 시청 집단'의 공격성이 제일 낮았다. 이 결과는 폭력과 음란이 결합한 영화를 시청하면 시청자의 폭력성이 최고로 높아진다는 사실을 말해 준다.

연쇄살인범의 분노 연쇄살인은 흔히 사이코패스라는 정신병질적 성격장애자가 자행한다. 사이코패스는 사기꾼이고 자신의 범죄에 대해 죄책감을 느끼지 못하여 어려서부터 많은 범죄를 저지른 사람들을 말한다. 사이코패스는 여성을 연속적으로 살해하는 경우가 많다. 우리나라에서 30명가량의 서비스업 종사 여성을 살해한 B씨도 사이코패스였는데, 그는 여성만을 골라 연속적으로 살인을 했다. 그런데 그 역시 음란 영상물을 많이 소장하고 있었다. 그는 여성을 살해하면서 유방과 성기를 칼로 도려내는 변태적 행동을 자행했다. 미국 FBI의 행동과학팀의 수석팀장이 우리나라에 방문하여 연쇄살인범에 관해 설명했는데, 그녀는 분노와 성욕이 결합하면 연쇄살인으로 이어진다는 논리를 밝혔다.

이 논리는 상당히 그럴듯한데 A군의 경우도 이런 증상이 나타났다. 그는 부모를 살해하기 약 한 달 전부터 성매매업소에 자주 드나들었다고 한다. 거기서 만난 여성이 마음에 들면 한 번 관계를 가졌던 여성을 다시 찾기도 했다. 그런데 거기에서 지불하는 비용 때문에 경제적인 문제가 생겼다. 그래서 그는 소장한 영화, 책, 기타 컴퓨터 부품 등을 인터넷을 통해 판매하여 돈을 마련했다. 특히 범행 15일 전에는 이틀에 한 번씩 5회나 성매매 여성을 찾았다. 즉, 부모와 언쟁하기 전 성행위에 탐닉하고 있었던 것으로 보아 그가 성적으로 크게 각성되어 있었다는 사실을 알 수 있다. 성적으로 고조된 시기에 부모와 언쟁이 있어 분노가 가중되었다. 성적 각성과 분노가 뒤섞여 그도 연쇄살인범과 같은 행동을 저지른 것이다. 즉, 부모를 살해했고 이들의 시신을 무참하게 토막내었으며 그러고도 공포심이 가시지 않았다.

＊＊＊＊＊＊

이 장에서는 분노를 다스리는 구체적인 방안을 검토했다. 그 전에 분노가 격해지는 여러 가지 연구와 사례를 검토했는데 술과 성이 주범이었다. 술은 분노를 자제하지 못하게 만든다. 대인관계에 문제가 있을 때 이를 해소하는 좋은 방법은 상대방과 바로 대화를 하기보다 냉각기를 갖는 것이다. 대화한다고 술을 마시면서 오해를 풀려 하면 오히려 큰 싸움으로 번지기 쉽다. 냉각기란 서로 대면하지 않고 감정을 삭이면서 역지사지식의 사고를 하는 기간을 말한다.

분노가 성과 결합하면 연쇄살인범이 저지르는 것과 같은 끔찍한 범죄를 저지르게 된다. 성이 감정을 격하게 만들기 때문이다. 분노는 모방 학습되는데, 부부싸움, 폭력 영화, 폭력 게임은 아동과 청소년이 폭력적으로 행동하는 데 큰 영향을 준다.

상대방의 공격이 비의도적임을 알게 되면 우리의 분노는 가라앉는다. 따라서 상대방의 공격을 피하려면 우리의 공격이 비의도적이었음을 미리 알려야 한다. 또한 역지사지의 사고를 해도 공격성을 늦출 수 있다. 그러나 일단 감정이 격화되면 상대방이 사과를 해도 공격성은 줄어들지 않는다.

05

정서와 리더십

정서와 리더십

홀륭한 리더란 아랫사람들에게 감명을 주어 그들의 마음을 움직이는 사람을 말한다. 리더를 간단하게 분류하면 민주적 리더, 독재적 리더, 방임형 리더로 구분할 수 있다. 민주적 리더란 마음대로 행하지 않고 아랫사람들과 상의하여 과제를 수행하는 리더를 말한다. 그러나 민주적 리더십은 회사가 잘 나갈 때는 그런대로 성과가 있지만 경제적으로 어려운 때에는 역부족이다. 민주적 리더십은 과제를 부하직원들에게 설명하고 그 과제 수행 방법을 부하직원들과 같이 토의하여 결정하는 것이다. 민주적 리더가 아랫사람들의 마음을 읽고 공감대를 형성하여 집단이 한마음 한뜻으로 힘을 모으도록 하는 정서적 지능을 갖추지 못할 수도 있다. 그러면 오늘날과 같은 경제 난국을 이겨 나갈 수 없다. 부하직원들 간에 공감대를 형성시키고 그들에게 감명을 일으켜 높은 열의와 목적의식을 갖고 일을 하도록 격려하는 리더가 필요한데, 그가 바로 정서적 리더다.

정서적 리더는 저자가 만들어 낸 용어가 아니다. 심리학자 골먼이 『감성의 리더십(*Primal leadership: Realizing the Power of Emotional Intelligence*)』(2002)이라는 책에서 사용한 용어다. 골먼은 샐로비와 메이어가 정의한 정서지능을 갖춘 리더가 바로 정서적 리더로 탄생할 수 있다고 주장했다. 샐로비와 메이어가 언급한 정서지능에 관한 요소를 살펴보자. ① 자신과 타인의 정서를 평가하고 표현할 줄 아는 능력, ② 자신과 타인의 정서를 효과적으로 조절할 줄 아는 능력, ③ 자신의 삶을 계획하고 성취하기 위해 그런 정서를 이용하여 활용할 줄 아는 능력이다. 그러면 구체적으로 어떤 리더가 정서적 리더인지 예를 들어 살펴보자.

어느 공장에서 있었던 일

미국의 어느 공장에서 있었던 이야기다. 어느 날 공장장이 공장을 순시하다가 직원들이 커피를 마시는 휴식 시간을 제대로 지키지 않는다는 사실을 발견하게 되었다. 미국에서는 오전 10시와 오후 2시두 차례에 걸쳐 각각 10분씩 잠시 커피를 마시는 휴식시간이 있다.

그런데 공장장이 유심히 살펴보니 커피타임 10분을 제대로 지키는 사원은 별로 없고 거의 대부분이 20분 이상, 긴 사람은 40분을 허비하고 있었다. 공장장은 이 사실을 발견하고 전 사원과 이 문제를 협의해야겠다고 결심했다.

협의에 앞서 먼저 공장장은 배전과장을 불러 작업 시간 중의 전기소모량과, 커피타임이 들어 있는 작업 시간에 소비하는 전기소모량을 대조해 이를 도표로 그려 놓으라고 말했다. 이어서 공장장은 전 사원을 강당에 모이게 하고 다음과 같이 말했다.

"여러분, 오늘은 커피타임에 관해서 의논할 일이 있어 이렇게 모이라고 했습니다. 나는 우리 회사에 커피타임이 필요하다고 생각합니다. 나 자신도 커피를 좋아하고 또 이 시간에 잠시 갖는 휴식을 즐깁니다. 그러나 내가 공장을 순시해 보니 커피타임 10분을 그대로 준수하는 사람이 드뭅니다. 그래서 결과적으로 우리 공장에 큰 낭비가 생기고 있습니다. 여러분, 이 도표를 보아 주십시오. 이쪽의 선은 평상시 작업할 때 공장에서 쓰는 전기소모량을 나타내고 이쪽의 선은 커피타임이 들어가 있는 시간에 쓰는 전기소모량을 표시한 것입니다. 커피타임이 있는 시간에 쓰는 전기소모량이 평상시에 비해 극히 떨어지는 것을 여러분은 지금 보시고 있습니다. 이렇게 이 시간에 전기소모량이 저조한 것은 여러분이 규정된 커피타임 10분을 준수하지 않고 초과하여 30분 내지 40분씩 허비하기 때문입니다. 이 문제를 어떻게 개선하면 좋을지 여러분의 의견을 듣고 싶습니다."

공장장이 제시한 도표를 보고 사원들은 깜짝 놀란 표정이었다. 자기들 잘못이 분명하니 아무도 이야기를 하지 못한다. 잠시 침묵의 시간이 흐른 후 한 용감한 사원이 일어나서 다음과 같은 말을 꺼냈다.

"우리가 커피타임을 조금 길게 쓰고 있다는 생각은 평소에 했습니다만 도표에 나온 것과 같이 그렇게 낭비가 심한지는 오늘 처음 알았습니다. 그러나 우리가 커피타임을 10분 이상 가지는 데는 어쩔 수 없는 까닭이 있습니다. 지금 커피는 공장에서 50미터나 떨어진 식당에 가서 마시기 때문에 가는 시간 그리고 커피가 나올 때까지 기다리는 시간이 있어 커피타임 10분이 금방 지나가게 됩니다." 이 말을 듣고 모두들 고개를 끄덕거리며 자기들 책임만은 아니라는 신호를 공장장에게 보냈다. 그러나 공장장은 모른 척하고 침묵할 뿐이다. 얼마의 시간이 지나자 다른 사원이 벌떡 일어나 좋은 안을 금방 내놓았다.

"그렇다면 커피를 공장 안에서 마시면 어떻습니까? 만일 공장장님께서 커피 자동판매기를 몇 대 사 주신다면 이를 공장 안에 갖다 놓으면 되겠습니다. 현재 우리는 커피를 식당종업원이 직접 만들어 주는 것을 마십니다. 그런데 식당종업원이 커피를 만들고 찻잔에 담아 내오는 데 시간이 걸립니다. 만일 자동판매기가 있다면 식당종업원의 일을 크게 줄이고 시간도 아낄 수 있습니다."

공장장은 장내를 한 번 둘러보았다. 그랬더니 모두 그 사원의 아이디어를 찬성하는 눈치였다. 그 분위기를 읽고 공장장은 다음과 같이 말했다.

"여러분, 지금 생각해 보니 제가 잘못 알고 있었습니다. 여러분이 커피타임을 일부러 남용하는 줄 알았더니 그것이 아니었군요. 다 그럴 만한 이유가 있었습니다. 그런데 아까 어떤 분이 아주 좋은 아이디어를 내놓았습니다. 커피 자판기를 공장 안에 설치하자는 것이지요. 제가 회사 돈으로 자판기를 서너 대 사서 공장 안에 설치하겠습니다. 여러분은 그 커피를 공짜로 마시면 되겠습니다. 자! 이제 문제가 모두 해결되었습니다. 우리 모두 일터로 돌아가 열심히 일합시다. 감사합니다."

이 공장장이 바로 정서적 리더다. 왜 그런가? 공장장은 공장을 순시했을 때 커피타임이 제대로 지켜지지 않는 것을 보고 내심 화가 났다. 그러나 그는 사원을 집합시켰지만 화를 내지 않았다. 즉, 자기의 감정을 잘 읽었지만 이를 통제했다(정서지능 ①요소). 그다음 공장장은 사원들의 커피타임 남용에 대한 생각을 알아보기 위한 계획을 세웠고 이를 경청했다. 이를 위해 먼저 공장장은 커피타임이 남용되고 있음을 사원들이 쉽게 납득하도록 전기소모량을 나타내는 도표를 준비하고 이를 사원들에게 제시했다. 그래서 사원들이 커피타임을 낭비하고 있다는 것을 인식하도록 만들었고 그것을 확인했다(정서지능 ②요소). 마지막으로 사원 한 사람이 제시한 해결책을 듣고 사원 모두가 그 안에 대해 공감을 표시하는 표정을 읽고 이를 바로 실천에 옮겼다(정서지능 ③요소).

정서지능이 모자라는 인지지능만 가진 공장장이었다면 이 문제를 어떻게 해결했을까? 그는 우선 중간관리자들, 즉 부서장들을 모두 모아 놓고 호되게 야단을 쳤을 것이다. 왜 부하직원들을 철저히 관리하지 않아 커피타임이 낭비되게 만들었냐며 호통을 치는 것이다. 즉, 자기 감정을 자제하지 못하고 이를 부하직원들에게 퍼붓는 것이다. 그러면 어떤 일이 벌어질 것인가? 부장들은 자기 부하직원인 과장을 모아 놓고 공장장이 화낸 방식으로 과장들을 야단칠 것이다. 그러면 과장은 평사원들을 불러 놓고 역시 상사들이 한 방식으로 평사원을 야단치고 커피타임을 엄수하라고 명령할 것이다. 사원들은 커피타임을 남용하는 것이 아니라는 것을 잘 알고 있지만 상사들이 야단을 치는 바람에 그 사실을 토로하지 못한다. 그러므로 분노의 감정이 생길 뿐 상사의 명령에 따르려는 마음이 전혀 일어나지 않는다. 그래서 사원들은 커피타임을 줄일 수가 없다는 사실을 알면서도 짐짓 상사의 명령에 따르는 척한다. 그러면 실제로 이 명령은 지켜지는가? 지켜지지 않는다. 왜냐하면 사원들이 지킬 수 없는 방법이기 때문이다. 즉, 커피를 마시는 식당은 공장에서 너무 멀리 떨어져 있고 이들은 즉석에서 원두를 갈아 만든 커피를 마시기 때문에 커피타임 10분을 지킨다는 것은 불가능하다.

물론 머리가 좋은, 인지지능이 높은 공장장이라면 스스로 자동판매기를 설치하는 안을 생각해 꺼내 놓을 수도 있다. 그래서 전 사원을 모아 놓고 앞으로는 커피를 자동판매기에서 뽑아 마시라고 명령할 수 있다. 그러면 결과적으로 정서지능을 가진 공장장이나 인지지능만 높은 공장장이 내린 결론은 같다. 그러나 실제 이 안이 사원들에게 수용되는 데는 천지 차이가 있다. 인지지능이 높은 공장장이 스스로 고안해 낸 아이디어는 사원이 수용하지 않는다. 게시판에 앞으로 커피타임을 꼭 지켜야 하며 그러기 위해서 커피를 자동판매기에서 뽑아 먹어야 한다는 공고를 공장장의 이름으로 붙여 보자. 어떤 일이 발생할까? 종업원들은 다음과 같이 불평할 것이다.

"뭐라고? 커피를 자판기에서 뽑아 마시라고? 그러는 자기들은 어떤 커피를 마실 건데? 자기들이 자판기에서 커피 꺼내 마시나? 천만에! 부장이나 공장장은 비서가 만든 원두커피를 마실 거야. 자기들은 원두커피를 마시고 우리 보고는 인스턴트커피를 마시라고! 자판기 커피가 그게 커피야! 걸레 빤 물이지! 그리고 자판기에는 세균이 우글거려. 난 절대 안 마실 거야."

그러나 정서적 리더가 종업원의 공감대를 얻어 내어 마련한 안을 사원들은 거부할 수 없다. 왜? 자신들이 좋은 안이라고 합의, 즉 공

감하고 마련한 안을 거부할 수 없기 때문이다. 그러나 인지지능만
있는 공장장이 내놓은 아이디어는 비록 그 내용이 같다고 해도 이를
거부하기 마련이다. 왜? 그것은 자신들이 공감해서 결정한 안이 아
니기 때문이다.

호손의 제1차 연구

앞에서 정서적 리더십은 부하직원들에게 감동을 주는 것이라고
말했다. 즉, 부하직원으로 하여금 명령이 아닌, 스스로 자신을 움직이
도록 만드는 것이다. 그럼 어떻게 하면 부하직원이 신명이 나서 열정
적으로 자기 일에 몰입할 수 있게 만드는가? 이 방법을 알기 위해서
는 먼저 경영학의 새로운 역사를 창조한 미국의 사회심리학자의 연
구를 소개해야 한다. 메이어는 1920년대 미국의 서부전기주식회사
(Western Electricity)의 호손(Hothorn) 지역에서 그 유명한 '호손 연
구'를 했다. 이 연구는 미국 경영학의 새로운 전기(轉機)를 가져온 아
주 중요한 연구다.

호손 연구는 작업 환경이 종업원의 생산성에 미치는 효과를 검토
하기 위해 시작되었다. 이 연구는 당시 지배적이었던 테일러의 경영
철학, 즉 작업 과정과 분업을 어떻게 과학적으로 관리하여 생산성을

증대할 수 있는가에 초점을 맞추었다. 그러나 기능공의 집단작업심리, 사기와 만족에 관해서는 관심이 없었다. 이 연구를 위해 메이어는 호손 지역의 여러 공장에서 뽑아 온 기능공을 모아 하나의 부서를 새로 조직하고 특별히 설치한 작업장에서 이들에게 작업을 시켰다. 그리고 여러 가지 작업 환경과 근무 조건을 다양하게 변화시키고 그에 따른 기능공의 생산성을 관찰했다. 예컨대, 휴식 시간의 배분, 임금 지급 방법, 주당 근무일수(주6일 또는 주5일 근무), 점심 무료 제공, 작업장의 조명 밝기 등에 따른 기능공의 전화기 제작량을 조사했다.

그러나 1년 동안 연구한 결과는 연구자의 기대에 어긋났다. 즉, 휴식 시간이 길든 짧든, 작업일수가 주5일이든 주6일이든, 임금 지급 방법이 어떻든 관계없이 새로 조직된 작업팀에서 일하는 종업원의 생산량은 같았다. 그런데 한 가지 재미있는 사실은 이 새로 조직된 팀의 생산량은 기존의 다른 공장에서보다 훨씬 높았다는 점이었다. 실험을 끝낸 후 연구자들은 기능공을 이전 근무지로 원대 복귀시켰고 이후 이들의 작업량을 추적 조사했다. 그 결과 아주 놀라운 사실이 발견되었다. 예상 외로 복귀한 기능공들이 실험실 작업장에서 보인 높은 생산성을 그대로 유지하고 있었다. 다시 말하면 복귀한 작업장은 실험실 작업장보다 작업 환경과 근무 조건이 열악한데도 불구하고 이들의 생산량이 그대로 높게 유지되었던 것이다.

메이어와 동료들은 이 연구 결과를 토대로 애초에 그들이 실험을 통해 내린 결과가 잘못된 것임을 깨달았다. 즉, 애초에는 실험실 작업장 기능공들이 기존의 작업장 기능공들보다 더 높은 생산성을 보인 원인이 작업장 개선 및 작업 관리 변화에 따른 것이라고 결론지었다. 그러나 그 원인은 다른 데 있었다. 왜냐하면 이들이 복귀해 열악한 작업장에 가서 일했을 때도 이들의 생산성은 절대로 낮아지지 않고 높았기 때문이다. 이 원인이 무엇인가를 밝히기 위해 연구자들은 추가 연구를 했다. 실험에 참가한 기능공을 다시 만나 일일이 면접했다.

그 결과 아주 재미있는 사실이 드러났다. 기능공들은 이상하게도 자신이 실험에 참가했던 사실에 대해서 커다란 긍지를 느끼고 있었다. 사실 그 기능공들은 연구자가 제비를 뽑는 식으로 아무나 무선 표집을 해 뽑은 것이다. 그리고 이들을 실험에 참여시킨 것이다. 그럼에도 실험에 참여한 기능공들은 자기가 실험에 참가하게 된 연유가 평소 공장에서 일을 잘했기 때문에 선발된 것이라고 착각했다. 그래서 그들은 상사가 자기를 인정하고 있다고 생각하고 이러한 상사의 평가에 매우 만족하고 있었다. 그래서 상사의 기대에 보답하고자 높은 생산성을 유지하고 있었던 것이다. 이 면접 결과를 토대로 연구자들은 기능공들이 실험실 작업장에서 생산성을 높인 것은 상사가 자신을 인정하고 있다고 착각한 것과 그에 따른 사기 진작 및 만족이라고 결론지었다.

메이어의 호손 연구는 테일러의 경영철학이 무용지물임을 밝힌 아주 중요한 연구다. 즉, 작업장의 환경 개선이나 작업 방법을 과학적으로 바꾸어 놓아야 생산성이 높아지는 것은 아니다. 기능공을 칭찬하는 방법으로 사기를 높이면 생산성이 저절로 증가한다. 이 연구 때문에 미국의 경영학은 새로 탈바꿈했다. 즉, 작업장 환경 개선, 작업 방법의 변화를 위주로 하는 경영철학으로부터 종업원의 사기와 동기를 진작시키는 경영철학으로 바뀐 것이다. 그 구체적인 사기 진작 방법은 간단한데, 바로 종업원을 칭찬하여 그가 우수한 사원이라고 말해 주는 것이다.

상사가 부하직원을 칭찬하는 것은 바로 부하직원의 정서를 이용하는 것이다. 즉, 부하직원으로 하여금 자부심을 갖게 해 주어 일에 매진하도록 만드는 것이다. 앞에서 말했지만 정서적 리더십이란 바로 부하직원의 정서를 활용하여 성취 활동에 매진하도록 하는 것이다. 그러므로 호손식 경영방침은 바로 정서적 리더십을 강조하는 것과 매한가지다.

앞의 커피타임에 관한 사례를 통해 우리는 작업 집단의 심리를 잘 이용해야 함을 알았다. 즉, 평사원이란 서로 일체감을 갖고 동료의식을 느끼며 관리층과 대립하는 집단이다. 그들은 관리층이 명령하는 것을 곧바로 수행하기보다는 거부하고, 자신들이 결정한 것 또는 공감하는 것을 따르려 한다. 커피타임 이야기는 회사가 과거 관리자를 우대한 것에서부터 탈피해 부하직원들을 우대하고 이를 잘 활용해야 한다는 충고를 하고 있는 것이다.

메이어는 호손의 1차 연구 결과를 분석하고 나서 작업 집단의 심리를 더 자세히 연구할 필요성을 느꼈다. 따라서 메이어는 2차 연구를 시작했다. 정서적 리더란 작업 집단의 심리를 이해하는 능력도 있어야 하므로 호손의 제2차 연구도 자세히 살펴볼 필요가 있다.

호손의 제2차 연구

제2차 호손 연구에서는 작업 집단이 실제로 어떤 식으로 작업하는가를 연구하기로 했다. 그간 관리자들은 관리지침을 내려 보내면 기능공들이 그대로 작업을 진행한다는 것을 의심하지 않았다. 그러나 1차 호손 연구 시 관찰해 본 결과, 작업 집단이 지시대로 작업을 준수하지 않고 있다는 사실을 발견했다. 그래서 호손의 제2차 연구에서는 작업 집단의 실제적인 작업 방식과 그것에 깔려 있는 작업 집단의 심리를 연구하기로 결정했다.

호손 연구에 참여한 기능공들은 6명의 기능공들이 한 조가 되어 전화기를 조립했다. 그중 몇몇은 전화선을 배선하는 작업을 했고,

다른 몇몇은 선을 땜질하는 일을 했고, 나머지 한 사람은 품질 검사를 맡았다. 2차 연구에서도 커다란 실험실과 같은 작업장에 기능공들을 수용하여 일을 시작하게 하고 작업팀들의 양해를 구해 그들의 작업을 심리학자들이 관찰했다. 기능공들을 여러 공장에서 뽑아 이들을 6명의 팀으로 만들어 작업을 시작하게 했다. 연구를 시작한 지 얼마 안 되어 재미있는 현상이 벌어지기 시작했다. 우선 누가 시키지도 않았는데 작업장의 기능공들은 3개의 소집단으로 나누어졌다. 이 세 집단은 작업장의 공간적 위치에 따라 결성되었는데 작업장 입구 가까이 앉아 있는 기능공들이 한 집단이 되었고, 작업장 중간 지점에 또 다른 집단이 결성되었고, 마지막으로 작업장 제일 구석에 세 번째 집단이 형성되었다. 마치 학교에서 교실의 좌석 위치에 따라 학생 집단이 형성되는 것과 같았다.

이 세 작업 집단은 서로 자기 집단끼리만 어울려 지냈다. 그래서 점심도 같이 먹고, 퇴근 후 여러 가지 오락 활동도 같이 했다. 또 각 작업 집단은 다른 집단과는 잘 어울리지 않고, 오히려 서로 경쟁하는 행동을 나타내어 다른 집단을 야유하고 빈정대고 나쁘게 평했다. 이 세 집단은 작업 조직 내에서 자연스럽게 형성되는 비공식조직(Informal group)이다. 어떤 사회 조직에서나 회사의 조직도(Organization map)에 나타나 있는 공식조직(Formal group), 예컨대 과, 부 등 외에 그 조직도에 나타나 있지 않은 비공식조직이 있다. 즉, 오락 집단, 취미 집단, 술친구 등이 생기기 마련이다. 그리고 이 비공식조직은 공식조직보다 그 구성원에게 막강한 영향력을 발휘한다.

세 작업 집단이 자연발생적으로 형성되고 난 후부터는 각 집단에서 독특한 작업 풍토가 조성되어 가기 시작했다. 즉, 세 집단은 그들 나름대로의 근무 수칙과 작업 방법을 암암리에 정립해 나가기 시작했다. 예컨대, 작업 속도, 작업 충실성, 기타 근무 행동에 대하여 자기들 나름대로의 규칙이 생겨났다. 이런 규칙은 회사에서 정한 근무 수칙과 그 내용이 다른 것이다. 예컨대, 집단 내의 작업 속도는 평균 속도를 유지하는 방향으로서 통제되었다. 즉, 작업 기술이 뛰어나 생산성이 높은 사람에게는 집단의 압력이 가해져 그 사람의 작업량을 감소시켰다. 이때 집단의 압력은 다음과 같은 야유로 시작되었다. "어이, 같은 봉급받고 일하는데 무슨 충성을 한다고 그렇게 열심히 해. 저 친구 위에 잘 보이려고 그러는 것 아냐?" 한편, 작업 집단에서 어느 한 기능공이 농땡이를 치거나 열심히 일하지 않아 그의 생산량이 기능공 평균 작업량에도 못 미치는 경우에도 동료들이 핀잔을 주거나 야유해서 그가 열심히 일하도록 압력을 넣는다. 이렇게 해서 작업 집단 내의 모든 작업자의 작업 속도는 평균화되었다.

비공식조직이 작업 속도를 통제한다는 것은 아주 중요한 발견이다. 왜냐하면 기업이 생산성을 높이기 위해서는 일 잘하는 사람이 더 열심히 일해야 한다. 그런데 비공식조직은 일을 잘하는 사람이 더 많이 생산하지 못하도록 압력을 가한다. 이 사실은 우리가 기업의 생산성을 높이기 위해 개인에게 동기를 부여하는 것도 필요하지만, 그에 못지않게 비공식조직의 의욕을 높여야 한다는 것을 의미한다. 즉, 비공식조직의 공감대를 이끌어 내야 한다.

제2차 호손 연구에서 밝힌 충격적인 사실은 회사에서 정한 작업 수칙은 현장에서 그대로 수용되지 않는다는 사실이다. 예컨대, 호손 공장의 공식적 작업 수칙에는 다음과 같은 두 가지 중요한 규칙이 있었다. 첫째는 각자 맡은 업무를 절대로 남과 교환해서 작업해서는 안 된다는 것이다. 이는 기능공이 한 가지 일에 익숙해야 능률이 오르기 때문이다. 둘째는 기능공의 작업량을 반드시 개인별로 집계해서 보고해야 한다는 것이다. 그러나 연구자가 관찰한 내용에 따르면, 전화선 배선 작업을 하는 기능공들은 가끔 선을 납땜하는 친구들과 작업을 교환했다. 그들이 작업을 맞바꾸는 이유는 매일 똑같은 일을 반복 작업하는 것에 싫증이 났기 때문이다. 동시에 상대방이 하는 일에 호기심이 생기기 때문이다.

그다음 충격적인 사실은 각 작업 집단에서 보고된 작업 생산량은 형식적으로는 개별 기능공별로 집계되어 있지만 실제로는 이렇게 집계하지 않았다. 전체 생산량을 집계하고 이를 개인별로 균등하게 배분했다. 또 개인별 보고된 생산량은 실제 생산량보다는 약간 적었

다. 예컨대, 만일 한 집단에서 하루 생산량이 70개였다면 보고된 것
은 65개였다. 왜 이러한 허위보고를 하는 것일까? 외부에 빼돌려 팔
려는 것인가? 그런 목적은 아니었다. 보고서에서 빠진 생산량은 후
에 작업이 부진한 동료 기능공을 위해 예비로 저축해 두는 것이다.
기능공들은 집안 사정이나 동료 간의 문제 때문에 가끔 작업량이 저
조할 때가 있다. 그런 경우 작업팀의 생산량에 차질이 오고 그러면
관리자들이 그 원인을 조사하거나 보수를 깎아 버리기 때문이다. 이
런 편법은 작업팀 안에 동료애가 존재한다는 것을 의미한다.

호손의 제2차 연구는 작업 집단의 심리를 자세히 파헤쳤다. 작업
집단에는 비공식조직이 있고 이 비공식조직은 작업의 여러 가지 규
칙을 새로 정했다. 이 비공식 작업 집단의 작업 방식을 위배하는 동
료에게는 제재가 주어진다. 한편, 작업 집단은 그 나름대로 끈끈한
동료 의식을 갖고 있다. 이 사실은 관리자에게 많은 시사점을 제공한
다. 즉, 공식조직보다 비공식조직을 중요시해야 한다는 것이다. 그
리고 비공식조직의 조직풍토를 이해하고 이 풍토를 개선해야 한다.

호손 연구가 발표된 이후로 기업의 작업 방식이 많이 개선되었다.
이전에는 분업이 세분되어서 어떤 이는 납땜만 하고 어떤 기능공은
배선만 해야 했다. 그러나 그들이 반복 작업에 싫증을 낸다는 사실
이 판명되고 나서부터는 배선과 납땜을 동시에 하는 준분업 방식으
로 바뀌었다.

호손의 제2차 연구가 정서적 리더십에 주는 시사점은 무엇인가? 크게 세 가지를 지적할 수 있다. 첫째, 리더는 작업 집단의 정서를 먼저 파악해야 한다. 즉, 이들에게 애사심 이전에 동료애가 있다는 사실을 인정해야 하고 이 동료애를 키워 주어야 한다는 것이다. 또 이들은 관리층과 대립하는 감정을 갖고 있는데, 평사원은 관리층을 자신이 속한 평사원층과는 다른 계층으로 인식했다. 그래서 최근에는 이 위화감을 없애기 위해 관리자들의 방을 작업장으로 옮기거나, 중역 식당을 없애고 사장도 평사원 식당을 이용한다.

둘째, 개인을 칭찬하는 감정의 리더십도 중요하지만 무엇보다 집단, 특히 비공식조직의 사기를 북돋아 주어야 한다. 한 직원이 아무리 사기가 높고 일에 매진하려 해도 비공식조직이 이를 방해할 수 있다. 그러므로 비공식조직을 우대하고 이들의 사기를 진작시키는 경영 전략을 모색해야 한다.

셋째, 집단 간 경쟁의식을 유발하는 것이다. 작업 집단은 어린아이들처럼 다른 집단과 자기 집단을 갈라놓고 서로 경쟁한다. 이 경쟁 심리를 이용하여 회사 내에서 집단 간 경쟁을 유도할 필요가 있다. 예컨대, 부서 간 생산성 경쟁시합을 벌이는 것이다. 그리고 성적을 매겨 시상을 하는 제도를 도입해야 한다. 이 부서 간 경쟁의식을 더 확대시켜서 경쟁사와의 경쟁으로 유도해야 한다. 해마다 연초에 자기 회사와 경쟁사 간의 생산성과 이익 등을 도표화하여 이를 종업원들에게 주지시키고 경쟁의식을 고조시킬 필요가 있다. 그 이유는 오늘날과 같은 치열한 글로벌 경쟁시대에서는 어떤 기업이든 경쟁사와의 싸움에서 꼭 이겨야 하기 때문이다.

정치 지도자의 정서적 리더십

지금까지는 주로 기업 조직의 리더를 예로 들어 정서적 리더십을 설명했다. 정서적 리더십의 더 풍부한 예는 정치적 리더, 즉 대통령에게서 찾아볼 수 있다. 우리나라는 민주주의 역사가 짧아 전직 대통령이 몇 명 되지 않는다. 먼저 미국 대통령들의 리더십을 살펴보고 우리나라로 넘어가자.

미국 러슈모어 산에 가면 역대 대통령 중 몇 사람의 얼굴이 산에 새겨져 있다. 조지 워싱턴, 에이브러햄 링컨, 토머스 제퍼슨, 시어도어 루스벨트 등이다. 여기에 두 사람의 대통령을 추가하기로 결정했는데 바로 로널드 레이건과 존 F. 케네디다. 여기에서는 루스벨트, 레이건 그리고 케네디의 리더십을 살펴보기로 한다.

루스벨트　루스벨트는 미국의 경제대공황 시절인 1920년대에 대통령에 당선되었다. 제1차세계대전이 끝나고 긴 호황 끝에 불황이 닥쳐 왔다. 거품이 붕괴되었던 것이다. 증권이 폭락하고 은행이 파산하여 기업이 도산하고 가정 경제가 피폐해졌다. 수많은 군중들이 길거리로 나와 일자리를 찾았지만, 일자리는 없었고 굶주리는 사람이 점차 늘어나기 시작했다. 국민들은 모두 공포에 휩싸였다. 루스벨트는 뉴딜정책을 마련하는 등 여러 가지 경제 대책을 강구했지만 사회적 분위기는 매우 어두웠다. 그는 국민들이 희망을 가져야 경제정책이 제 힘을 발휘할 수 있음을 깨달았다. 비관주의는 실망을 낳고 실망은 의욕을 저하시켜 경제가 살아날 수 없기 때문이다. 그래서 루스벨트는 국민에게 희망과 용기를 불어넣어 주어야겠다고 결심했다.

그는 매일 시민들이 저녁을 먹고 벽난로 근처에 모여 라디오에 귀 기울일 시간에 국민에게 보내는 담화를 시작했다. 그는 국민들에게 아주 부드럽고 친근감 있는 목소리로 쉽게 현 경제 상황을 설명하고 어떻게 이 난국을 벗어날지에 관해서 이야기했다. 그의 담화 중 가장 중요한 메시지는 공포를 없애자는 것이다. 경제 발전을 저해하는 제일 큰 요소는 경제가 더 파탄날 것이라는 국민들의 공포심이기 때문이었다. 이 공포는 무력감을 초래하고 용기를 빼앗아 재기하려는 노력을 좌절케 한다는 것이 그의 연설의 요지였다. 루스벨트 대통령은 아버지처럼 친근한 말투로 이내 모든 국민의 마음을 사로잡았다. 그의 말을 국민 모두가 경청하였기 때문에 이 프로그램은 인기가 높았다.

그의 연설이 벽난로에서 듣는 것이라 해서 후세 사람들은 그의 연설에 '노변담화(爐邊談話, fireside chat)'라는 이름을 붙여 주었다. 루스벨트의 판단은 맞아떨어졌다. 대공황을 이겨 내려는 국민들의 용기와 열의가 없으면 백약이 무효다. 미국민들은 루스벨트 대통령의 확신에 찬 경제 정책을 쉽게 이해했고, 그 결과 이에 따르려는 공감대가 서서히 형성되었다. 그래서 마침내 대공황의 위기를 극복할 수 있었다.

루스벨트 대통령은 대공황에 빠진 국민의 정서를 정확히 판단했다. 그리고 국가 재건에 필요한 국민의 정서가 무엇인지를 간파하고 이를 국민에게 불러일으키는 작전을 세웠는데, 이 작전이 주효했다. 그런 의미에서 루스벨트 대통령은 정서적 리더라고 칭해도 무방하다.

레이건 로널드 레이건이 대통령에 당선되자 일반 국민들 사이에는 불신감이 팽배했다. 영화배우 출신이 어떻게 나라를 이끌 것인가? 정치는 영화에서 하는 연기와 다르다며 국민들은 대통령을 잘못 뽑았다고 후회했다. 그러나 이러한 국민의 기우(杞憂)는 잘못된 것이었다. 오늘날 레이건은 러슈모어 산에 석상으로 새겨질 만큼 미국 역사상 훌륭한 대통령 중 한 사람으로 손꼽힌다. 그가 그렇게 평가받는 원인은 무엇인가? 우선 그는 설득력이 뛰어났고, 유머가 풍부했으며, 부드러운 미소도 가지고 있었다.

정서심리학자들의 연구에 따르면, 미소는 처음 만나는 사람들에게 가장 좋은 대화 방법이고 미소 작전은 금세 모든 청중에게 전염된다고 한다. 분노와 우울은 전염이 쉽게 되지 않는 데 비해 웃음은 모든 사람에게 쉽게 전염된다. 즉, 우리가 처음 만나는 사람에게 미소를 지으면 상대방도 무의식적으로 이에 미소로 답하게 된다. 아마 웃음 또는 기쁨이 기본정서에 속하기 때문에 모두 웃음에 쉽게 자동적으로 반응하는 것 같다. 그래서 레이건의 미소는 그의 상징이 되었다.

레이건의 또 다른 장점은 유머가 풍부하다는 것이다. 그의 유명한 농담 가운데 다음과 같은 것이 있다. 레이건은 존 힝클리 주니어라는 청년으로부터 저격을 당한 적이 있다. 그는 급히 병원으로 후송되었고 의사들은 걱정 어린 눈으로 수술 준비를 시작했다. 레이건은 자신 주위를 뺑 둘러싼 의사들을 쳐다보면서 "여기 의사분들은 모두 공화당원들이시죠? 민주당원은 안 계시죠?"라고 농담을 했다. 레이건은 공화당 출신의 대통령이다. 의사들은 폭소를 터뜨렸고 그가 위대한 대통령이라는 것을 깨달았다. 레이건은 자신의 생명이 위태로운 순간에도 유머를 잃지 않았고 그 농담 한 마디로 팽팽히 긴장하고 있는 의사들의 마음이 확 풀렸다.

농담은 설득에도 아주 요긴하다. 노사 간 협상, 정치 협상 중에 양측은 신경을 곤두세우고 상대방의 일거수일투족을 감시하기에 바쁘다. 즉, 심리전(心理戰)이 벌어지는 것이다. 그런데 농담 한 마디로 이런 심리전의 빙벽을 단숨에 깨뜨려 버릴 수 있다. 양측의 긴장감이 풀어지면 상대방을 더 우호적으로 대하고 상대방과 협동하려는 자세를 갖게 된다.

실제로 레이건은 미소와 농담을 통한 설득 작전으로 소련관 군비경쟁을 끝내고 구 소련을 무력화하는 데 성공했다. 또 레이거노믹스라는 경제 정책을 통해 오일쇼크로 불황에 빠진 미국 경제를 살리는데 성공했다. 그는 인지지능도 높았지만 남을 설득하는 정서지능이더 높았기 때문에 민주당의 협조를 많이 이끌어 낸 공화당 출신 대통령으로 유명하다. 레이건 대통령이 정서적 리더였다는 것을 부인하는 학자는 거의 없다.

케네디 케네디 대통령 후보가 닉슨 대통령 후보와 선거전을 치렀을 때 케네디가 닉슨을 이길 것이라고 생각하는 유권자들의 수는 매우 적었다. 닉슨은 변호사 출신의 다선(多選) 의원이었던 반면, 케네디는 잘 알려지지 않은 정치 초년생 상원의원이었기 때문이다. 그래서 케네디는 닉슨을 이길 여러 가지 방법을 구상했다. 그중 하나가 TV 대담을 하자는 것이었다. 처음에 닉슨은 여론 조사를 보면 자기가 많이 앞서 나가고 있었기 때문에 그럴 필요가 없어 거절할 생각이었다. 그런데 가만히 생각해 보면 자기는 변호사 출신이라서 연설에 자신이 있었고 케네디는 아직 초선의원이라 이 능력이 없을 것 같았다. 그래서 아예 케네디를 초전에 박살 내려고 TV 대담을 기꺼이 받아들였다.

그런데 TV 대담 후 여론조사를 해 보니, 예상 외로 케네디가 더 잘했다는 결과가 나왔다. 닉슨의 패배 원인을 분석해 본 결과는 다음과 같았다. 닉슨은 눈동자를 이리저리 굴리는 버릇이 있다. 그런데 미국 사람들은 눈동자를 굴리는 사람은 사기꾼이라는 부정적인 생각을 갖고 있다. 그리고 TV에 등장한 닉슨의 얼굴은 아주 그늘지고 볼품이 없었다. 눈은 움푹 들어갔고 얼굴이 길어 나이 든 인상을 주었다. 그에 비해 케네디는 젊고 미남이었으며 목소리도 카랑카랑해 박진감을 주었다. 닉슨은 여러 가지 정책 제시에서도 실패했다. 케네디는 이 TV 대담에 승부를 걸었기 때문에 준비하는 과정에서 여러 가지 경제지표를 외워 두었다. 그래서 TV 대담 사회자가 미국의 GNP(국민총생산)를 물었을 때 케네디는 거침없이 그 답을 말했는데 닉슨은 준비를 하지 않아 정확한 답을 말하지 못하고 얼버무렸다.

우리는 용모가 훌륭한 사람을 믿는 경향이 있다. 용모가 수려한 사람은 지능도 높고 성격도 좋고 기타 여러 가지 능력도 좋을 것이라고 판단한다. 심리학에서는 이를 후광(後光) 효과라고 부른다. 외모라는 후광이 여러 가지 다른 자질의 평가에 긍정적 영향을 준다는 뜻이다. 그래서 광고에는 잘생긴 배우를 기용한다. 케네디의 용모가 닉슨보다 훨씬 준수했기 때문에 국민들로부터 호감을 산 것은 당연한 이치다. 게다가 그의 부인인 재클린 케네디도 뛰어난 미인이었다.

투표 결과, 천신만고(千辛萬苦) 끝에 예상 외로 케네디가 닉슨을 누르고 대통령에 당선되었다. 그러나 대통령에 당선되자마자 그에게 커다란 시련이 닥쳐왔다. 쿠바의 카스트로가 후르시초프와 단합하여 쿠바에 구 소련의 미사일 기지를 설치하기 위한 협상에 들어간 것이다. 케네디는 백악관 안보회의를 주재해 이 문제를 해결하기 위한 방안을 모색했다. 안보회의에서 미국 CIA는 미 해병대를 상륙시켜 쿠바를 사전에 무력화하자는 안을 내놓았다. 쿠바의 해안경비대가 매우 약하다는 것이다. 케네디는 CIA의 건의를 받아들여 쿠바의 피그 만에 해병대를 상륙시켰다. 그 결과는 참담한 패배로 끝났다. 예상과는 달리 쿠바의 해안경비대는 막강한 화력을 갖고 있었고 미 함선은 쿠바 만에 상륙하기도 전에 모두 침몰당했다. 이 사건으로 미국 내의 비판이 크게 고조되었다. 대중매체는 어떻게 그렇게 무모한 짓을 저질렀는가 하고 연일 대통령을 비난했다. 그때 케네디는 국민 앞에 머리 숙여 자기 잘못을 사과했다. 자신이 잘못 판단해 국익을 크게 해친 것에 대해 변명할 여지가 없다고 고개를 숙였다. 그 효과는 어떠했는가? 그 결과 그의 인기가 크게 하락했는가? 아니, 그의 인기는 오히려 더 상승했다.

심리학자들은 케네디가 사과한 후 그의 인기가 더 높아진 원인을 연구했다. 그 결과 사람들이 아주 똑똑한 사람이 실수를 하면 그것은 애교로 봐 준다는 사실이 밝혀졌다. 그러나 똑똑하지 못한 사람이 잘못을 저지르면 그때는 그 사람을 더 바보로 취급한다. 그리고 흠이 없는 사람보다는 약간의 틈이 있는 사람을 대중들이 더 선호한다는 사실이 밝혀졌다. 케네디가 이런 정서이론을 알고 사과를 했는지는 잘 모르겠지만 그는 사과 발언으로 국민들로부터 더 사랑받는 대통령이 될 수 있었다.

그 후 국민들의 케네디에 대한 믿음이 또 다른 사건을 통해 확증되었다. 후르시초프가 미사일을 싣고 쿠바로 항해할 때 케네디는 구소련에 경고를 했다. 만일 소련 함정이 쿠바 만에 들어서면 격침시킬 것이라는 것이다. 그렇게 되면 제3차세계대전이 일어날 수도 있었다. 그래서 케네디는 혼자 이 결정을 내리기까지 노심초사했다. 그러나 용감하게 후르시초프에게 경고장을 보냈다. 후르시초프는 케네디가 워낙 강경하게 나오자 쿠바로 항해하던 소련 함장에게 귀환 명령을 내렸다. TV를 통해 이 사건을 초조하게 바라보던 미국 전 국민이 케네디에게 환호했다. 그가 바로 진정으로 용기를 가진 대통령이었기 때문이다. 용감한 대통령은 정서적 리더다. 정치분석가들은 케네디가 백전노장인 후르시초프를 누르지 못할 것이라고 생각했는데 그는 용감하게 후르시초프를 물리쳤다.

케네디 대통령이 휴스턴에서 저격당했을 때 온 국민들이 매우 슬퍼했다. 그만큼 그는 국민들로부터 사랑받는 용감하고 멋있는 지도자였다. 러슈모어 산에 그의 얼굴을 조각하는 데 반대하는 사람은 없었을 것이다.

우리나라는 대통령제를 실시한 역사가 미국에 비해 매우 짧기 때문에 아직 정서적 리더라고 불릴 수 있는 전직 대통령이 드문 것 같다. 고 노무현 대통령은 동정심을 유발시켜 대통령에 당선되었다. 그가 정서를 정치 선거에 이용한 것은 확실하지만 그가 정서적 리더라고 보기에는 아직 이를 증명하는 자료가 부족하다.

이승만 이승만 대통령은 말년에는 독재자로 군림했지만 초기에는 국민의 사랑을 받고 국민의 정서를 헤아릴 줄 아는 대통령이었다. 그는 독재자라기보다는 카리스마적 리더였다. 카리스마적 리더란 예수나 석가모니처럼 인격의 고매함으로 인해 그 앞에 가면 자연머리를 숙이게 되는 리더다. 이승만은 젊어서 독립운동을 하다 감옥에 갇혔고 그 후 석방된 뒤 미국으로 가 예일대학교에서 박사학위를 받았다. 우리 국민의 평균 학력 수준이 초졸 이하였을 때 미국의 저명 대학교에서 철학 박사학위를 받았다. 이 경력 하나로도 우리는 그를 존경해 마지 않았다. 그뿐 아니라 그는 미국에 있을 때 우리나라의 독립운동을 혼자서도 끊임없이 추진했다.

그가 한국의 초대 대통령에 당선된 것은 너무나 당연한 것이었고 그의 정치적 식견은 옳았다. 남한 단독 정부를 수립한 점, 북한의 침략으로 인해 유엔의 개입을 이끌어 낸 점, 미국으로부터 전쟁 후 복구를 위한 경제 지원을 얻어 낸 점 등은 모두 위대한 정치가의 모습을 여지없이 드러낸 것이다.

그를 가까이서 지켜본 정치가들은 무엇보다도 그의 나라 사랑과 검소한 생활에 감동했다. 이 대통령이 미국으로부터 방문을 요청받았을 때 당시 공보처장이 미국에 가기 위해 공항에 나온 대통령을 보고 깜짝 놀랐다. 머리가 덥수룩했고 평범한 한복 차림이었기 때문이다. 공보처장은 "각하, 이발이라도 좀 하시고 나오시지요?"라고 안타까워하며 진언했다. 그랬더니 이 대통령이 다음과 같이 말했다. "여보게, 내가 지금 미국에 놀러 가는 줄 아나? 미국으로부터 경제 원조를 얻으러 가네. 그런데 내가 너무 말쑥하면 도와주겠나? 그래서 일부러 머리도 깎지 않았어." 이 말을 들은 공보처장은 속으로 울음을 터뜨렸다고 한다. 이 대통령이 우리에게 감동을 주는 이유는 그의 철저한 애국심과 검소한 생활 때문이었다. 그러나 말년의 그는 권력에 대한 노욕(老慾)을 버리지 못해 안타깝게도 독재자라는 불명예를 얻게 되었다. 그러나 이 대통령이 초기에는 국민으로부터 깊은 사랑을 받은 정서적 리더였다는 것을 부인할 사람은 적을 것이다.

******

　정서적 리더란 정서를 리더십에 활용하는 사람을 말한다. 즉, 정서의 3요소를 리더십을 발휘하는 데 활용하는 것이다. 더 구체적으로 말하면 자신과 타인의 감정을 잘 읽고 이를 잘 조정하며 집단 작업 성취에 정서를 활용하는 것이다. 그 예로 미국 어느 공장의 커피타임 낭비 사건을 들었는데, 공장장은 자신의 감정을 억제하고 이 사건에 대한 다른 직원들의 감정을 파악했다. 공장장은 직원과의 공감대를 형성하여 커피타임 해결 방안을 강구했다. 직원의 공감을 얻는 정서적 리더십은 확실히 효과를 발휘한다는 사실을 이 예를 통해 알 수 있다.

　호손 연구는 개인의 자부심을 높여 줌으로써 생산성을 보다 높일 수 있음을 처음으로 입증한 역사적 연구다. 더불어 집단의 심리를 분석하여 개인 위주의 관리보다는 작업 집단의 비공식조직의 사기를 진작하는 정서 관리가 필요함을 일깨워 준 연구다. 호손 연구 결과 미국의 경영철학은 개인 관리에서 집단응집력을 관리하는 방향으로 바뀌었다.

　정치에서도 정서적 리더십이 필요하다. 미국 정치 지도자의 정서 능력을 살펴보았을 때, 루스벨트 대통령은 공황기를 맞아 국민이 가진 정서가 무엇인지를 먼저 파악했다. 그리고 전 국민에게 팽배한 불안이 경제 회복을 저해하는 중대한 요소임을 간파했다. 루스벨트는 국민의 불안을 불식시키고 희망을 함양시켜 드디어 공황을 이겨 냈다. 루스벨트는 탁월한 정서적 리더였다.

　레이건 대통령은 미소와 유머로 상대방을 설득하는 데 귀재였다. 남에게 호감을 주고 협상에서 상대방으로부터 호의적 태도를 이끌어 내는 탁월한 능력을 갖고 있었다. 구 소련의 고르바초프를 설득해 미국과의 무기경쟁을 포기하게 만들었고 결국 공산주의를 무력화하는 데 성공했다. 정서적 설득력의 대가가 바로 레이건 대통령이었다.

　케네디 대통령은 처음에 젊음과 잘생긴 용모로 국민의 마음을 사로잡았다. 그가 국민으로부터 존경을 받은 것은 솔직함과 용감함이었다. 쿠바의 피그 만 사건에서 미국이 참패했을 때 그는 국민에게 변명하는 대신 사과를 했다. 그래서 국민으로부터 더 깊은 신뢰를 얻어 냈다. 쿠바 영토 안에 미사일을 설치하는 문제로 미국과 구 소련이 대결할 때 그는 제3차세계대전 발발의 위험에도 불구하고 과감한 결단으로 후르시초프를 설득시켰다. 이때 그가 보여 준 정서적 리더십은 지금까지 미국의 머리에 각인되어 있다.

한국에서는 이승만 대통령이 카리스마적인 리더십을 발휘했다. 탁월한 정치적 식견과 나라에 대한 사랑 그리고 검소한 애국자로 국민의 사랑을 받았다. 그러나 말년에는 정치에 대한 노욕으로 독재자라는 낙인이 찍히고 말았다.

06
감성공학

　감성공학이란 감정을 이용해 물건의 제품 개발 및 마케팅에 응용하는 새로운 응용 학문 분야다. 감성(感性)은 일본 학자들이 즐겨 쓰는 말로서 이성(理性)에 대조해 만든 용어다. 우리말로 하면 감정 또는 정서가 된다.

　감성공학이 발달하게 된 동기는 크게 세 가지가 있다. 첫째, 인간공학이라는 학문을 본받은 것이다. 인간공학은 인간을 연구하는 심리학자와 기계를 만드는 기계공학자들이 서로의 필요 때문에 만든 분야다. 심리학자는 사람의 특성을 잘 안다. 그래서 사람들이 편하게 사용할 수 있는 기계가 무엇인지는 안다. 그렇지만 기계를 만들수는 없다. 반면, 공학도들은 기계는 잘 만들 수는 있지만 인간에 대해서는 잘 모르기 때문에 어떻게 만들어야 사람이 편리하게 쓸 수 있는지를 잘 모른다. 그러므로 두 분야가 만나 함께 연구를 하면 사람이 쓰기에 편리한 기계를 만들 수 있을 것이다. 이렇게 인간공학이라는 분야가 탄생했다.

인간공학에서 연구한 아주 간단한 예를 하나 들어 보자. 테일러라는 인간공학자가 1898년 베들레헴 강철공장에서 노동자의 삽질 작업을 조사했다. 그는 노동자가 여러 가지 크기와 모양의 삽을 사용하고 있음을 발견했다. 그 결과 각 노동자들이 들어 올리는 물건의 무게가 1.6킬로그램에서부터 17킬로그램까지 다양하다는 사실이 발견되었다. 여러 종류의 삽을 실험해 본 결과, 베들레헴 공장에 제일 적합한 삽의 무게가 9.8킬로그램이라는 사실을 발견했다. 이 새로운 삽을 사용한 결과, 과거에 500명이 하던 작업량을 140명으로 충분히 해낼 수 있었다.

둘째, 감정에 대한 연구가 활발해지면서 감정을 광고 캠페인에 많이 이용했기 때문이다. 1장에서 감성심리학에 관해서 설명할 때 말보로 담배의 광고 전략을 언급했다. 말보로 담뱃갑이 여성스럽다는 인상을 주기 때문에 광고에는 거친 남성미를 가진 카우보이를 등장시켰다. 광고심리학에서는 일찍이 감성이 광고 제작에 필수적임을 깨달았던 것이다.

셋째, 이제는 소비자가 자신의 심리적 욕구를 충족시키는 제품을 찾아 나서기 때문이다. 과거에 상품이란 그 상품이 주는 욕구 충족

으로 충분했다. 예컨대, 승용차로 말할 것 같으면 튼튼하고 고장만
나지 않으면 그것으로 족했다. 그러나 이제 소비자들은 자기 나름대
로의 독특한 구매 욕구가 있다. 차가 고급스럽고 아름다워야 한다고
생각하는 특수 소비자층이 생겨났다. 그러니 기업에서는 소비자의
독특한 심리적 욕구, 즉 감성적 욕구가 무엇인지에 관해 알지 않으
면 안 되어 버렸다. 그 결과 오늘날 감성공학이 기업이나 심리학계
에서 각광받는 분야로 등장한 것이다.

소비자의 욕망

소비자는 어떤 물건을 구매할 때 그에 따른 욕망이 있다. 구매 욕
망도 가지가지이고 그것마저도 사람에 따라 다양하다. 그러나 간단
하고 보편적인 구매 욕망이 있다. 먼저 이해를 돕기 위해 구매자가
어떤 상품을 구매할 때 갖는 간단하고 보편적인 욕망의 예를 들어
보자.

현재 많은 사람들이 아파트에 살고 있다. 그런데 아파트의 평수가
50평이 넘어가도 막상 그곳에 사는 사람들은 닭장에 산다는 느낌을
갖는다. 즉, 항상 좁다는 느낌을 갖는다. 그러므로 아파트에 사는 사
람은 집이 넓어 보이기를 원한다. 그런데 우리나라 건축업자들은 아

파트를 사려는 사람들의 이러한 단순하고 공통된 욕구를 이해하지 못하고, 이해한다고 해도 이를 어떻게 충족시켜 줄 수 있는지를 잘 모른다. 그래서 아파트에 베란다를 만들고 거실과 베란다 사이에 출입문을 따로 만든다. 그러나 이런 식으로 만든 아파트에 거주하는 사람들은 갑갑해하고 좀 더 넓은 공간을 갖고 싶어 한다. 그래서 아파트를 사자마자 일제히 베란다로 나가는 출입문을 모두 제거한다. 이것을 제거하고 바깥 창문을 통유리로 설치하면 훨씬 넓은 거실을 갖게 된다. 그런데 문제는 이렇게 개축하는 데 수천만 원이 소요된다는 것이다. 선설업자가 처음부터 주부의 욕망을 감지하고 그것을 충족시켜 주는 방식으로 아파트를 설계했다면 아파트 입주자가 따로 돈을 들일 필요가 전혀 없다.

　다른 예를 하나 더 들어 보자. 최근 휘발유 값이 배럴당 80달러를 넘어서자 세계적으로 소형차가 인기를 끌게 되었다. 그런데 소형차를 구입하는 사람들이 가지고 있는 보편적 욕망은 무엇일까? 그것은 휘발유 값을 아끼느라고 소형차를 구매했지만 그 소형차가 좀 크게 보였으면 하는 것이다. 현대자동차가 제작한 아반떼(2008년형)는 구매자의 이런 욕망을 잘 감지하고 그것을 차의 디자인에 반영했다. 아반떼는 1,600cc 이하의 마력을 가진 준중형차다. 그러나 아반떼의 모습을 보면 중형차라는 느낌을 받는다. 그럼 어떻게 디자인해서 그런 느낌을 갖게 되었는가? 트렁크를 이전보다 높였다. 조금 높인 것이 아니라 아주 많이 높여서 새로 이 차를 산 사람들이 후진할 때 뒤가 잘 보이지 않을 정도다. 그리고 앞의 보닛과 차의 높이도 다른 소형차에 비해 모두 높다. 아반떼는 자동전조등 기능(즉, 어두우면 전조등이 자동으로 켜짐)과 후진 센서 기능(뒤에 물체가 있으면 경고음이 울림) 등이 있어 인기가 있지만, 무엇보다도 준중형차임에도 중형차의 느낌을 주기 때문에 인기가 높았다. 한때는 구매 신청을 하면 3개월 후에나 출고될 정도로 구매자가 몰렸다. 이는 해외에서도 마찬가지였다.

상품의 이미지

앞에서 말보로 담뱃갑에 관한 이미지 이야기를 했다. 이와 비슷한 상품이미지에 관한 연구 하나를 설명하고자 한다. 1960년대에 있었던 네스카페(Nescafe)에 관한 연구다. 인스턴트커피인 네스카페는 초기에는 인기가 없었다. 원두커피에 비해 인스턴트커피는 마시기가 편리하다는 장점 때문에 인기가 높을 것으로 판단했는데 잘 팔리지 않았다. 그래서 회사에서는 인스턴트커피를 구매하지 않는 사람을 대상으로 그 이유를 직접 물었다. 그러나 소비자들은 뚜렷한 이유를 대지 못했다. 그래서 심리학자에게 의뢰하여 심층심리학적으

〈표 4〉 인스턴트커피 이미지 연구에 사용된 쇼핑 목록

목록 1	목록 2
랭포드 분말효소 1통	랭포드 분말효소 1통
원더 빵 2봉지	원더 빵 2봉지
홍당무 1단	홍당무 1단
네스카페 인스턴트커피	맥스웰하우스 원두커피 1파운드
햄버거 1.5파운드	햄버거 1.5파운드
델몬트 복숭아 2통	델몬트 복숭아 2통
감자 5파운드	감자 5파운드

로 네스카페에 대한 이미지를 조사하기로 했다.

심리학자들은 〈표 4〉에 나와 있는 것과 같은 쇼핑 목록 1과 2를 만들었다. 그리고 두 피험자 집단(각 집단 50명씩)에게 각각 쇼핑 목록 1과 2를 보여 주었다. 즉, 집단은 각기 다른 1개의 쇼핑 목록을 보았다. 그리고 피험자에게 그 목록의 상품을 산 주부가 어떤 성품의 주부인가를 자유롭게 말하게 했다. 두 쇼핑 목록의 내용은 모두 같은데 다만 한 가지만 다르다. 목록 1에는 네스카페가 들어 있는 반면, 목록 2에는 맥스웰하우스 원두커피 1파운드가 들어 있다.

피험자들은 목록의 물건을 쇼핑한 주부의 성격을 아주 다르게 묘사했다. 쇼핑 목록 1을 본 피험자의 50%가 인스턴트커피, 즉 네스카페를 사는 주부를 '게으르고 집안 살림을 잘 못 꾸려 나가는 사람'으로 묘사했고, 12%는 '소비 지향적 주부'로, 10%는 '바람직하

지 않은 주부'라고 설명했다. 반면, 쇼핑 목록 2를 본 피험자들은 원두커피, 즉 맥스웰하우스를 구매한 주부에 대해서는 부정적인 묘사를 전혀 하지 않았다. 아무도 그 주부를 소비 지향적이라고 평가하지 않았다.

이런 소비자 조사 방법은 상품에 대한 소비자의 무의식적인 이미지를 알아보기 위한 것이다. 소비자에게 네스카페에 관해 직접 평가하게 하면 소비자는 무엇이 나쁜지를 생각해 낼 수 없다. 반면, 그 커피를 구매하는 사람에 대한 인상을 평가하게 하면 비로소 소비자의 네스카페에 대한 무의식적인 감정을 알아볼 수 있다. 이 조사를 통해 네스카페 제조업자들은 광고 전략을 어떻게 세워야 할지 그 대책을 시사받게 되었다.

지금까지 이야기한 말보로 담뱃갑에 관한 소비자 조사나 네스카페에 대한 이미지 조사는 미리 상품을 만들어 놓고 그 상품에 대한 소비자의 품평 내지 이미지를 조사한 경우에 해당된다. 그런데 상품을 만들어 내기 전에 미리 소비자의 감성을 알아내고 이를 상품의 디자인, 상품 제작과 마케팅에 이용할 필요가 있다. 만일 그렇게 할 수 있다면 처음부터 성공할 수 있는 상품을 만들어 낼 수 있어서 시간과 노력 그리고 경비를 크게 절감할 수 있다. 이런 필요 때문에 감성을 측정하고 이를 상품화하려는 노력, 즉 감성공학적 연구의 중요성이 커졌다.

감성공학의 연구 과제

감성공학에서 연구하는 감성은 크게 네 가지로 나눌 수 있다. 첫째는 기능적 감성으로서 이는 제품의 기능이 주는 편리함에서 느끼는 감정이다. 둘째는 감각적 감성으로 제품의 디자인, 색채, 향기, 균형의 심미적인 요인으로 생기는 감정이다. 셋째는 사회적 감성으로 제품이 창출하는 새로운 사회적 결속 감성이다. 마지막은 문화적 감성으로서 제품이 창출하는 새로운 라이프 스타일이나 가치 기준 등을 말한다(김대식, 2007). 이 네 가지 감성공학의 연구 과제를 이해하기 위해 예를 들어 좀 더 자세히 설명하고자 한다.

기능적 감성 차를 제작할 때는 튼튼하고 고장이 잘 나지 않도록 만들어야 한다. 최근에는 자동차 제작 회사들이 이런 기본 기술을 모두 공유하고 있다. 즉, 튼튼하고 안정적인 차를 만드는 것이 주된 문제가 되지 않는다. 그다음에 소비자가 중요하게 생각하는 것은 자동차가 편리해야 한다는 것이다. 이것이 바로 기능적 감성인데 자동차를 어떻게 만들면 쓰기에 편리한지를 연구해야 한다. 그러기 위해서는 운전자가 조작하기 쉬운 차를 만들어야 한다. 앞에서 아반떼를 예로 들었지만 최근에 제조되는 많은 차는 전조등이 자동화되어 있

고 후진 시 후진 경고음과 함께 장애물에 가까이 접근하면 경고음이
발동한다. 간단한 기능이지만 사용자에게 매우 중요한 기능이다. 과
거의 차는 날씨가 어두워지면 전조등을 켜고 정차한 후 반드시 이를
꺼야 했다. 그렇지 않으면 배터리가 방전되어 다음에 시동을 걸 수
없었다. 그런데 지금은 터널 안으로 차가 들어가면 자동적으로 전조
등이 켜지고 밖으로 나오면 전조등이 꺼진다. 더불어 야간 주차 후에
키를 뽑으면 자동으로 전조등이 꺼진다. 후진 경고음도 아주 편리한
기능이다. 많은 운전자가 후진할 때 뒤가 잘 안 보여 인명사고를 내
는 경우가 많다. 그러나 최근에는 이런 문제가 많이 해결되었다.

감각적 감성 감각적 감성이란 감성공학에서 제일 많이 활용하는
것으로 감성공학의 기본 과제가 된다. 주지하는 것과 같이 상품에는
색채가 들어가기 마련이고 어떤 색채를 쓰는가가 그 상품의 느낌을
달리해 준다. 아반떼의 경우 기본색으로는 은색을 택했는데, 그 이
유는 아반떼가 준중형이므로 은색을 써야 좀 더 커 보이기 때문이
다. 잘 아는 바와 같이 검은색이나 붉은색은 물체의 크기를 작아 보
이게 만든다. 그래서 아반떼를 구매할 때 구매자가 제일 많이 고르
는 색이 은색이고, 이것은 기본색을 정한 현대자동차의 감각적 감성
전략이 맞아떨어진 것이다.
　반대로 대형차인 제네시스에 어울리는 색은 무엇일까? 그것은 검

정색이다. 검정색은 무거운 느낌과 함께 품위라는 이미지를 준다. 우리가 예복으로 검정색 옷을 택하는 이유가 여기에 있다. 색채감을 잘 못 느끼는 사람은 화려한 색으로 빨간색 내지 노란색을 꼽지만 사실 검은색이 품위가 높으면서도 가장 화려한 색이다. 자동차뿐만 아니라 의류, 휴대전화, 가전제품, 공간 등의 디자인을 필요로 하는 것들은 모두 감각적 감성 전략을 이용한다는 공통점이 있다. 그만큼 색채는 인간과 밀접한 관계를 가지고 있다.

사회적 감성 청바지는 본래 농부나 카우보이들이 입던 옷이다. 거친 일을 하는 데 알맞게 튼튼하고 질긴 옷감으로 만든 것이다. 그리고 색도 청색이어서 하위계층이 즐겨 입는 옷 색깔이다. 그런데 대학생들이 하나둘 청바지를 입기 시작했다. 공부하느라고 바쁜 그들에게 청바지는 간편하고 오래 입을 수 있는 장점이 있기 때문이다. 곧 청바지는 대학생들의 교복처럼 대학 사회에 널리 퍼져 나갔다.

오늘날 젊은이라면 집에 청바지가 한 벌도 없는 사람은 아마 거의 없을 것이다. 이렇게 청바지는 젊은 세대를 나타내는 상징물이 되었다. 대학교에서 늙은 교수들이 청바지를 입고 나타나는 경우도 종종 있다. 이들이 청바지를 입는 이유는 자기도 젊은 세대와 같은 사고 방식과 생활 방식을 가지고 있음을 암시하기 위해서다. 젊은 세대와 호흡을 함께하려는 사람, 젊게 보이는 사람들이 청바지를 애용하는 것은 청바지가 바로 젊은 세대를 지칭하는 물건으로 자리 매김했기 때문이다.

문화적 감성 요즘 지구는 온난화로 몸살을 앓고 있다. 따라서 탄소를 줄이기 위한 노력이 지구 전체에 확산되고 있다. 환경보호운동가들은 제품 제조 과정에서 얼마나 탄소를 많이 배출했는가를 모든 상품에 표시하는 탄소인증제를 만들고 있다. 그래서 탄소를 적게 배출한 상품을 소비자들이 더 많이 사도록 장려하고 있다. 환경보호운동가들은 이외에도 유기농 농산물을 장려하고 또 바이오에너지 사용을 적극 권장한다. 브라질에서는 옥수수로 만든 휘발유를 많이 사용하고 있다. 저탄소 소비 상품, 바이오에너지 그리고 유기능 상품을 구매하는 사람들은 모두 지구를 살리고 환경오염을 줄이자는 가치관을 지닌 사람들이다.

감성공학의 연구 영역 이제 독자들은 감성공학이 대략 무엇을 연구하는 것인지를 알게 되었다. 감성공학이란 인간의 감성을 제품 제작에 반영하는 것이다. 즉, 소비자의 감성을 추출하여 제품을 만들 때 이를 반영하는 것이다. 그러나 이것은 감성공학 연구의 가장 기본적인 것일 뿐 오늘날 감성공학은 크게 확대되었다. 예컨대, 감성마케팅이라는 분야가 생겨났다. 감성마케팅이란 소비자의 감성에 호소하는 판매 전략을 말한다. 대표적 예를 들면, 소비자들의 구매 동기를 자극하기 위해 백화점에서 음악을 틀어 놓고, 병원에서 소독약 냄새를 제거하기 위해 향수를 뿌리며, 정육점에서 붉은 전등을 켜는 등 색깔을 이용하여 상품의 신선도를 높이기도 한다.

감성공학은 로봇, 인공지능, 가상현실세계 연구로까지 확대되었다. 그렇게 된 원인은 감성공학이 먼저 인간의 감각과 지각을 연구해야 하기 때문이다. 즉, 우리가 어떤 방식으로 어떻게 느끼는가를 먼저 연구해야 한다. 그렇게 하려면 우리의 기본 감각, 즉 청각, 시각, 후각, 촉각 등이 생리심리학적으로 어떻게 이루어지는가를 연구해야 한다. 이 생체감각 연구에서 밝혀진 결과는 인간처럼 작동하는 로봇을 만들고 더 똑똑한 컴퓨터를 제작하고 가상현실세계를 연구하는 데 필요한 기초자료가 된다. 현재까지 로봇은 장애물을 피해 가는 센서를 달고 있지만 아직 물체를 식별하는 눈을 갖추지는 못했다. 인간의 눈 역할을 할 수 있는 인공지각센서를 만드는 것이 로봇 연구자의 가장 중요한 과제 중 하나다. 이 자리에서 이들 감성공학 연구 영역을 모두 소개할 수는 없다. 감성공학에서 가장 중요한 분야는 감성을 측정하고 이를 제품에 반영하는 것인데 여기서는 하나의 예를 들어 이해하기 쉽게 설명하기로 한다.

감성공학과 자동차 설계

오늘날 감성공학에서 가장 많이 연구하는 분야 중의 하나가 자동차 설계다. 자동차 설계에 따른 제작에는 많은 비용이 든다. 따라서 이미 자동차 회사에서 제작한 자동차에 대해 소비자를 대상으로 이미지 조사나 소비자 만족도 조사를 하는 것은 매우 비경제적이다. 미리 소비자의 감성을 측정하고 이를 자동차 설계에 반영하는 것이 바람직하다.

자동차에도 여러 가지가 있다. 자가용으로는 일반적으로 세단형 4도어 모델의 선호도가 높다. 반면에, 젊은이들은 SUV(Sports Utility Vehicle)를 좋아한다.

SUV는 단단한 느낌을 주는 디자인을 흔히 사용한다. 소비자가 이 차를 좋아하는 이유 중의 하나가 우람한 느낌을 주는 자동차이기 때문이다. 그래서 이 차의 외부는 단단하게 만들었다. 자동차 추돌사고 시 부상을 염려하는 사람들도 SUV를 선호한다. 물론 다른 이유도 있다. 저자가 미국에 있는 아들에게 차를 사 주면서 어떤 차를 원하는가 하고 물었더니 SUV를 사달라고 한다. 그 이유를 물었더니 차 뒤에 여러 가지 물건, 예컨대 책가방, 노트북 컴퓨터 등을 싣고 다니기 편하기 때문이라고 한다. 이렇게 똑같이 SUV를 선호하는 사람들도 다양한 목적으로 이 차를 선택한다. 또 스포츠카도 있다. 젊은이들이나 속도감을 즐기는 사람들이 좋아하는 차다. 스포츠카를 좋아하는 사람들은 어떤 식으로 차가 만들어지기를 바랄까?

스포츠카 스포츠카는 속도감을 즐기는 사람들과 젊은이들이 좋아한다. 그러면 스포츠카를 디자인할 때 젊은이들의 정서를 미리 파악해야 한다. 젊은이들은 애인과 스포츠카를 타고 시속 200킬로미터로 달리기를 바란다. 그런데 이때 차 속에서 애인과의 거리가 가까워야 한다. 일반 4도어 세단형처럼 운전자와 운전자 조수 사이에 칸이 마련되어 있고 멀리 떨어져 있어서는 안 된다. 애인과 드라이브를 즐기려면 그 간격이 좁아야 한다. 스포츠카를 살펴보면 그 간격이 일반 승용차에 비해 아주 좁음을 알 수 있다.

스포츠카는 빨리 달려야 하므로 마력이 높은 엔진을 장착하기 마련이다. 그리고 스포츠카 운전자들은 엔진에서 뿜어져 나오는 굉음을 좋아한다. 즉, 달릴 때 나는 엔진 소리가 웅장하고 폭발적이어야 만족한다. 그래서 많은 스포츠카 운전자들은 소음제거통을 아예 떼어 버린다. 즉, 스포츠카는 엔진 소음이 더 클수록 사랑을 받는다. 일반 승용차와는 정반대다. 또 스포츠카는 가속력이 아주 높아야 한다. 즉, 한 번 가속기를 밟으면 빠른 시간에 시속 100킬로미터의 속도를 낼 수 있어야 한다.

만일 스포츠카 제작자들이 스포츠카 사용자의 연령층과 사용자들이 스포츠카에 기대하는 요구 사항 등을 고려하지 않고 차를 제작한다면 그 차는 팔리지 않을 것이다. 스포츠카를 구매하는 사람들의 정서를 파악하고 이를 차 제작에 반영해야 한다.

고급 승용차 고급 승용차 중의 하나가 벤츠다. 저자는 2004년도 독일 프랑크푸르트대학교의 교환교수로 갔을 때 뜻하지 않게 중고 벤츠를 구매할 기회가 있었다. 준비해 간 돈은 5천 마르크(당시 한화로 약 3백만 원)였다. 그런데 그 돈으로는 소형차를 살 수 없었다. 괜찮은 차로 시장에 나온 것은 대개 일본 차였고 최소한 1만 마르크의 정가가 매겨져 있었다. 그런데 독일에서 공부하던 제자가 중고 벤츠를 발견한 것이다. 값을 보니 5천 마르크다. 어떻게 이렇게 싸게 나왔을까? 우선 차가 8기통이고 주행을 이미 너무 많이 했기 때문이었다. 당시 독일의 휘발유 가격은 우리나라와 비슷해 세계에서 제일 비싼 수준이었다. 그래서 독일인들은 대형차를 외면한다. 주행 기록을 보니 이미 95만 킬로미터를 달린 차였다. 우리나라에서는 10만 킬로미터를 달려도 주행을 많이 한 차로 생각하는데 95만 킬로미터라니! 금방 부서지지 않을까 걱정이 됐다. 그런데 제자는 그 차를 사라고 권한다. 한 번 시승을 해 보더니 5백 마르크만 들여 정비하면 문제가 없을 것이란다. 그래서 차주와 협상을 해서 5백 마르크를 깎고 제자에게 그 돈을 주어 차를 손보게 했다. 그래서 본의 아니게 고급 승용차를 타게 되었다.

차는 1990년대에 제작된 것이지만 여러 가지 편리한 기능이 고루 갖추어져 있었다. 당시 우리나라에서 제작된 차에는 없었던 선루프는 물론이거니와, 사이드미러를 차 안에서 자동으로 조절할 수 있었다. 그리고 차의 시트는 가죽이었다.

승차감이 매우 쾌적했다. 저자는 제자와 속도 제한이 없는 독일 고속도로, 아우토반을 달려 보았다. 시속 200킬로미터로 달렸는데 차체가 조금도 흔들리지 않았다. 계기판을 보니 200킬로미터를 이미 넘었는데도 차는 시속 80킬로미터로 운행하는 것처럼 유연하게 달렸다. 보통 승용차로 이 정도의 속력을 내었다면 엔진 소리가 요란하고 차체도 심하게 흔들렸을 것이다. 그러나 이 차는 전혀 변화가 없었다. 또 제동력이 탁월했다. 저자가 어느 비 오는 날 교외에 있는 제자 집에서 하룻밤을 자고 학교로 출근하는 길이었다. 밖에 비가 오는 줄 모르고 속도를 높였는데, 방심하는 순간 서 있는 앞 차를 보았다. 부리나케 브레이크를 힘차게 밟고 드디어 내가 사고를 내고야 말았다고 비명을 지를 참이었다. 왜냐하면 앞 차와의 거리가 너무 짧았고 도로가 미끄러웠기 때문이다. 그러나 눈을 뜨고 보니 간발의 차로 앞 차와의 충돌을 면했다. 그만큼 브레이크 기능이 탁월했던 것이다. 나중에 알고 보니 요즘 고급차에 모두 장착되어 있는 ABS가 부착되어 있었다.

저자는 차를 3개월 동안 타다가 귀국했다. 그리고 그 차를 제자에게 팔아 달라고 부탁했다. 얼마 후 제자가 그 차 판 돈을 보내 왔는데 5천 마르크였다. 저자는 3개월 동안 실컷 차를 이용했는데 제값을 그대로 받았다. 주행거리도 거의 100만 킬로미터에 달했는데도 그렇다. 고급차란 내장이나 외모만 고급이어서는 안 된다. 100만 킬로미터를 달려도 아무 문제없이 잘 굴러가는 차여야 한다.

이렇게 고급차란 완전히 제 기능을 다 할 수 있어야 한다. 바로 브레이크와 가속기 등이 완벽히 작동하는 것은 물론 승차감이 쾌적하고 안정감, 속도감을 느낄 수 있어야 한다. 그리고 차의 외부 디자인에서 고급스러움을 느낄 수 있어야 한다. 자동차 디자이너들은 감성공학자들과 상의해서 고급스러움이 느껴지는 차의 디자인을 어떻게해야 하는지를 알 수 있다. 그러면 구체적으로 감성공학자들이 차를디자인할 때 어떤 식으로 연구하는가를 한 번 살펴보기로 하자.

유노스 로드스터 개발 과정

유노스 로드스터(Eunos Roadster)는 일본 마쓰다자동차가 감성공학을 이용하여 개발한 스포츠카다. 1989년 미국 시장에서 인기가 있어 시판 첫해에 4만 5,000대가 팔렸다. 워싱턴 자동차기자협회는 1990년 자동차업계에 가장 공헌을 많이 한 사람에게 주는 '골든 기어'상을 로드스터 개발자에게 수여했다(이순요 외, 1996). 마쓰다사가 미리 젊은이들의 스포츠카에 대한 감성을 알아본 결과 기본감성이 '사람―차 일체감'임을 밝혀냈다(이하 기본감성). 그들이 이 기본감성을 어떤 식으로 설계에 반영했는지의 그 과정을 살펴보기로 하자. 연구자들은 기본감성이 다음과 같은 네 가지 감성 개념을 나타내는 것이라고 판단하고 이를 1차 감성 개념이라고 이름 붙였다. 그것은 다음과 같다.

① 일체감: 사람과 차가 일체가 되는 느낌
② 다이렉트감: 운전자의 마음대로 차가 반응하는 느낌
③ 타이트감: 운전자가 갖는 적절한 긴장감
④ 주행감: 고속으로 달리는 쾌감

그러나 1차 감성 개념은 차를 제작하는 데 필요한 공학기술적인 지표는 아니다. 그래서 공학기술적인 지표로 만들기 위해 1차 감성 개념을 토대로 2차 감성 개념을 추출했다. 그런 다음에 2차 감성 개념을 토대로 공학기술적 지표를 찾아냈다. 그 예를 도식화하면 다음과 같다(이순요 외, 1996).

〈표 5〉에는 1, 2차 감성 개념이 차를 만드는 데 필수적인 공학기

술적 지표로 어떻게 환원되었는가의 그 과정이 그려져 있다. 1차 감성 중 '타이트감'이 어떻게 '2차 감성'과 '공학기술 지표'로 환원되었는가를 살펴보기로 한다.

〈표 5〉 감성으로부터 공학기술 지표로의 환원 과정과 그 목록

1차 감성 개념	2차 감성 개념	공학기술 지표
타이트감	적당한 공간 밀착감	차체 사이즈 시트 디자인 내장
다이렉트감	운전자 의도대로 조작감	핸들 레버 디자인
주행감	빠른 필링 대시감	엔진 특성
일체감	자연과의 대화 노면과의 대화	배기음

'타이트감'이란 것은 차가 너무 커도 안 되고 그렇다고 차가 너무 작아도 안 되는, 그야말로 적당한 크기의 차, 즉 차와 사람이 밀착하는 느낌을 주는 것이다. 밀착감을 주기 위해서는 공간이 작아야 하지만 답답해서는 안 되는 적당한 공간이 되어야 한다. 따라서 '타이트감'이라는 1차 감성 개념에서 '적당한 공간'과 '밀착감'이라는 2차 감성개념이 추출되었다. 이 두 가지 2차 감성 개념은 공학기술 지표

로 쉽게 바꿀 수 있는 개념이다. 따라서 최종적으로 세 가지 공학기술 지표가 탄생했는데 바로 '차체 사이즈' '시트 디자인' '내장'이다. 이제 독자는 어떻게 감성이 공학기술로 환원되는가의 과정을 어느 정도 이해할 수 있을 것이다.

그런데 여기서 독자들은 기본감성, 즉 '사람-차 간의 일체감'이란 감성이 어떻게 포착되고 그것에서 네 가지의 1차 감성 개념 그리고 최종적으로 2차 감성이 어떻게 탄생되었는지가 궁금할 것이다. 기본감성의 추출은 기본적으로 소비자 욕구 조사를 통해 밝혀져야 한다. 즉, 스포츠카를 구매하는 사람이 가장 선호하는 차의 특성이 무엇인가를 설문조사나 기타 의미 분별 검사(Semantic Differential Test) 등을 통해 조사할 수 있다. 의미 분별 검사란 어떤 개념의 특성을 조사하는 심리학적 방법인데, 간단히 설명하면 반대 의미를 가진 두 가지 형용사의 쌍, 예컨대 '일체감-비일체감'과 같은 것을 여러 가지 만들고 '스포츠카'라는 개념에 잘 어울리는 단어 쌍을 고르게 하여 '스포츠카'에 대한 소비자의 구매 동기를 파악하는 방법이다.

기본감성 개념이 선정되면 1, 2차 감성 개념을 포착하기 위해 공학자와 심리학자가 머리를 맞대고 연구해야 한다. 즉, 심리학자들은 기본감성 개념의 구체적인 목표가 어떤 감성으로 나타날 수 있는가를 제안하고 공학도들은 이를 차와 연계해 차 개발에 도움이 되는 감성 개념으로 재탄생시킨다. 공학기술 지표는 순전히 공학도들의 몫이다. 2차 감성 개념을 공학기술 개념으로 바꾸는 것은 기계 제작자만이 할 수 있기 때문이다.

유노스 로드스터는 오픈형인데 비가 자주 오는 일본에서는 잘 팔리지 않을 것이라는 우려가 있었다. 그러나 이것은 정말로 한낱 기우에 지나지 않았다. 일본에서 큰 인기를 끌었고 미국에서도 폭발적인 판매량을 기록했다. 이는 감성공학적인 기술로 만들어진 차였기 때문에 가능한 기록이었다.

|그림 16| 유노스 로드스터의 전면(왼쪽)과 측면(오른쪽)

＊＊＊＊＊＊

감성공학이란 감정을 상품 제작이나 마케팅에 활용하는 연구 분야다. 과거에는 이미 제작된 상품이나 광고에 대한 소비자의 평가를 통해서 소비자가 기존 상품에 대해 갖는 이미지를 조사했다. 그러나 자동차와 같이 제작 비용이 많이 드는 상품에 대해서는 미리 소비자들의 감성을 조사해 제작과 마케팅에 반영해야 한다. 예컨대, 스포츠카를 선호하는 사람들의 가치관과 감수성을 미리 파악해야 한다. 더불어 스포츠카를 사용하는 사람들이 그 차에서 어떤 감성적 욕구를 충족하려는지 연구해야 한다. 최근 국내외 자동차 회사들이 소형차, 스포츠카를 제작할 때 이런 감성공학적 연구를 시도해 차를 제작했는데 모두 크게 성공했다. 그 예로 현대자동차의 아반떼와 일본 마쓰다자동차의 유노스 로드스터를 들 수 있다.

07

감정의 개발

감정의 개발

이 책의 첫머리에서 말한 것과 같이 감정은 야누스의 얼굴과 같아서 긍정적인 것과 부정적인 것이 있다. 긍정적인 감정은 우리가 개발하고 활용해야 한다. 여기서는 우리가 개발해야 할 감정이 무엇이고 이것을 어떻게 개발해야 하는가를 다루기로 한다.

1, 2장에서 우리는 여러 종류의 감정을 그 내용에 따라 몇 가지로 나누었는데 ① 생존 및 발달 관련 감정, ② 성취 관련 감정, ③ 도덕 관련 감정, ④ 성격 관련 감정, ⑤ 사회문화 관련 감정 등이다. 생존 및 발달 관련 감정에서는 에크먼이 이야기한 기본감정 여섯 가지를 다루었다. 즉, 분노, 두려움, 슬픔, 기쁨, 호기심, 성적 욕망 등인데 이 중 앞의 세 가지 감정은 이를 개발할 것이 아니라 오히려 버려야 하거나 억제해야 할 것이다. 따라서 감정의 개발이란 이 장의 목적

에 따라 이 세 가지 감정은 여기서 다루지 않겠다. 그리고 기쁨은 이 책의 8장 '행복을 찾아서'에서 자세히 다루기 때문에 여기서 생략하기로 한다.

성적 욕망과 사랑은 물론 성취 관련 감정, 성격 관련 감정 그리고 사회문화 관련 감정도 모두 우리가 가정, 학교, 사회에서 개발해 주어야 할 감정들이다. 그래서 이들 감정은 가정, 학교, 사회별로 그 감정을 개발해야 할 영역에 따라 설명하고자 한다.

가정에서 개발해야 할 감정

성적 욕망 성욕은 사춘기가 되면 모든 청소년들이 자연스럽게 갖는 본능이다. 따라서 이것을 우리가 개발한다는 것은 좀 어폐가 있을 것 같다. 그러나 오늘날 청소년의 성 문제는 매우 심각하다. 문제 학생에게 국한되는 일이겠지만 중고생들이 가출하여 혼숙하거나 쉽게 성관계를 맺는 사례가 적지 않다. 이들의 방황이 일시적 성 문란으로 끝나지 않고 미혼모가 되어 어린 미혼모가 학업을 중단하는 사회문제도 발생한다.

성범죄의 급증은 한국 사회가 안고 있는 또 다른 심각한 문제다. 성범죄가 급증하는 이유는 음란물이 넘쳐 나기 때문이다. 인터넷을 통해 모든 사람들이 쉽게 음란물을 다운받을 수 있다. 앞에서도 언급했지만 정서적 문제가 있는 사람들이 음란물에 탐닉하다가 성범죄와 연쇄살인을 저지르게 되기도 한다.

현재 기술로는 우리가 인터넷을 통해 음란물 다운로드를 차단하기란 쉽지 않다. 그렇다면 우리의 성교육이 획기적으로 변화해야 할 것이다. 그러나 현재 중·고등학생들을 대상으로 한 성교육은 인터넷 시대 이전 것을 답습하고 있다. 거의 모든 청소년이 음란물을 접하고 있는 현실을 감안한 성교육이 새로 마련되어야 한다. 그 교육 방법의 하나는 피임법을 가르쳐 주는 것이다.

미국에서는 부모들이 중학생 이상의 청소년들 대부분이 이성친구와 성관계를 갖는다는 사실을 잘 알고 있다. 그래서 미국 부모들은 이에 합리적으로 대처한다. 즉, 부모는 자기 딸이 남자친구들과 성관계를 가질 때 피임을 하도록 권유하고 피임약을 책가방에 넣어 주기도 한다. 그것이 딸이 미혼모가 되는 비극을 방지하는 길이기 때문이다. 아들에게도 콘돔을 사용할 것을 미리 주지시킨다. 이제는 한국의 부모들도 미국 부모와 같은 실질적 대처를 해야 할 것 같다.

한국의 청소년들은 성욕을 자위로 해결하는 경우가 많다. 그러나 자위행위는 우리나라에서 나쁜 행동으로 간주된다. 물론 장려할 사항은 아니지만 그렇다고 많은 청소년이 자위를 통해 성적 욕구를 해결할 수밖에 없는 실정에서 '나쁘다'고만 교육하는 것이 과연 바람직한 것인기 하는 문제에 관해서 재고해 볼 여지가 있다. 부모를 토막 살해한 A군은 중학교 1학년 때부터 3일에 한 번씩 자위한 것을 달력에 표시해 두었다(초등학교 때부터 시작했다고 한다.). 그가 자주 자위행위를 한 것은 심한 학업 스트레스와 어머니의 잔소리 때문이었다. 그런데 그는 자위행위를 자주 하면서 더욱 자신을 저주했고 그 결과 무기력감과 대인기피증을 갖게 되었다. 왜 자신을 저주했는가? 자위행위 때문에 자기의 키가 크지 않은 것이라고 생각했기 때문이다. 그의 키는 중학교 3학년 때 160센티미터였는데 고등학교 3학년때도 키가 자라지 않고 그대로 멈추었다. 더구나 그의 아버지는 아들의 키가 작은 것을 조롱하기까지 했다. 그가 지능이 우수하고 학업성적이 양호해 명문 대학교 전자공학과에 입학했음에도 불구하고 무력감, 우울증, 대인기피증을 가진 원인은 잦은 자위행위에 따른 자괴감 때문이었다.

　A군 사례로 미루어 짐작하건대 현재 적지 않은 우리 청소년들이 자위행위를 자주 하고 있고, 이로 인해 마음의 상처를 입고 있을 것이다. 학교나 부모들은 자위행위가 바람직한 것은 아니지만 부도덕하고 창피한 일도 아니라고 교육할 필요가 있다.

　다음은 성인들의 성욕에 관해서 살펴보자. 성인이 왕성한 성욕을 갖는다는 것은 축복이다. 앞에서도 언급했지만 성욕이 왕성해야만 부부금슬도 좋고, 또 성욕을 잘 승화시키면 자기가 하는 일에서 성공할 수 있다. 성인이 음란물을 시청하는 것을 나쁘다고 말할 수 없다. 노년기에 성욕이 감퇴할 때 음란물을 통해 수그러진 성욕을 세울 수 있다. 그러나 문제는 음란물에 중독될 수 있다는 것이다.

미혼 청년이나 독신자 또는 독거노인이 음란물에 중독되면 이상(異常) 행동을 하기 쉽다. 예컨대, 정상적인 성행위가 아닌 비정상적 성행위에 탐닉하게 된다. 그래서 관음증에 걸리거나 성추행을 하기도 한다. 또한 정신병질적 성격장애자가 음란물에 중독되면 연쇄살인범으로 발전한다. 앞에서 이야기했지만 마포에서 두 초등학생을 성폭행하고 암매장한 사람, 30명의 여성을 살해한 B씨가 그 대표적 사례다.

미혼 청년, 독신자, 독거노인들은 가능하면 애인을 만들고 배우자를 찾아 결혼하는 것이 제일 좋은 방법이나 이것이 어려운 경우 성욕을 다른 방향으로 승화시켜야 한다. 즉, 운동이나 취미를 살리는 것이 좋은데 그중에서도 운동요법을 추천한다. 몸이 녹초가 될 정도로 운동을 하면 성욕을 어느 정도 자제할 수 있다.

사랑　사랑은 여러 종류의 감정 중에서 우리에게 제일 소중한 것이다. 사랑 중에서도 부모로부터 받는 사랑이 우리에게 필수적인데 부모의 사랑은 일생을 좌우한다. 부모의 사랑이 중요하다는 사실은 일찍이 하로우와 수오미가 발견했다(Harlow & Suomi, 1970; Suomi,

1977). 그들은 갓 태어난 원숭이를 부모로부터 격리해 우리에서 키웠다. 그리고 얼마 후 격리되었던 새끼 원숭이를 모조 원숭이가 있는 방에 집어넣었다. 모조 원숭이는 두 종류가 있었는데 하나는 철사 재질에 우유병을 들고 있다. 다른 하나는 벨벳 천 재질로 되어 있어 부드러운 느낌이다. 하로우와 수오미는 원숭이가 어떤 모조 원숭이에게 가서 안기는지를 살펴보았다. 그랬더니 새끼 원숭이는 배가 고파도 우유를 가진 모조 원숭이에게 가지 않았다. 벨벳으로 만든 모조 원숭이에게로 가서 그 품에 안겼다. 그것은 격리된 새끼가 따뜻한 어미 품에 굶주렸기 때문이다. 원숭이는 벨벳으로 싼 모조 원숭이에 안긴 상태에서 옆의 철사 원숭이에게 있는 우유를 먹었다([그림 18] 참조).

연구자들은 이번에는 소리가 나고 움직이는 장난감을 우리 속에 넣어 새끼 원숭이를 놀라게 만들었다. 그리고 격리되었던 새끼 원숭이가 어디로 가는지 살펴보았다. 새끼 원숭이는 장난감이 소리를 내고 움직이는 것을 보고 기겁을 하며 벨벳 모조 원숭이 품에 안겼다. 이 연구 결과는 새끼 원숭이가 두려움을 느낄 때도 엄마 품을 찾는다는 것을 시사한다.

격리되어 성장한 원숭이는 커서도 문제가 되었다. 성장한 후 같은 또래의 원숭이 무리에 이 원숭이를 집어넣었더니 다른 원숭이와 어울리지 못하고 한쪽 구석에서 벌벌 떨고 있었다. 암컷 원숭이가 접

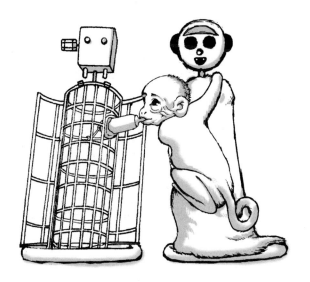

│그림 18│ 하로우와 수오미의 원숭이 실험

철사로 만든 어미를 통해 우유를 먹었지만, 새끼 원숭이는 벨벳 천으로 만든 어미에게 가서
더 많이 지냈다. 부드러운 천으로 만든 어미는 새끼 원숭이에게 안락감과 안도감을 준다.
그래서 새끼 원숭이가 이상한 물건을 보면 이를 탐사해 보려는 호기심까지 갖는다.

근을 해도 구애행동을 하지 못하는 것은 물론 오히려 공격을 하기도
했다. 하로우와 수오미의 연구 결과는 어렸을 때 부모, 특히 어머니
의 사랑이 어린아이에게 필수적임을 암시한다. 어머니로부터 충분
한 모유를 공급받고 애정을 듬뿍 받으면 어린아이는 평온한 성격,
사람을 좋아하고 사교적이며 낙천적인 성격의 사람이 된다. 반면,
어머니의 사랑이 부족하면 불안하고, 우울하며, 대인기피증을 나타

내고, 비관적인 성격으로 성장한다.

아버지의 사랑도 어린아이들에게 필수적이다. 아버지가 자녀를 사랑하면 자녀는 윗사람을 존경하고 리더십도 발달하게 된다. 반면, 아버지로부터 냉대를 받은 사람은 질투심이 강하고 윗사람을 배척하며 불안하고 우울한 사람이 된다. 특히, 부모가 자녀들 중 하나를 편애하면 다른 자녀는 상처를 받는다. 사랑을 더 많이 받은 자식은 문제가 없지만 냉대를 받은 자식은 평생 동안 부모에 대한 원망을 풀지 못한다. 사람에 대한 불신을 보이고 대인관계가 매끄럽지 못하다. 또 불안하고 우울하며 내성적인 성격의 소유자로 성장할 가능성이 높다.

이제 이성 간의 사랑에 관해 살펴보자. 요즘 남녀들은 대부분 이성 간에도 친구가 될 수 있다고 생각한다. 하지만 어떤 사람들은 이성 간에 친구란 없다고 잘라 말한다. 이성친구란 배우자가 되기 전 단계의 친구일 뿐 순수한 의미의 우정으로는 볼 수 없다는 것이다. 이 사람의 말이 전혀 틀린 것은 아니다. 친구라고 했던 이성친구들이 결혼관계로 돌입하는 경우가 많기 때문이다.

그런데 많은 젊은이들이 자기가 지금 사귀고 있는 이성친구가 친구 관계인지, 아니면 사랑하는 애인 관계인지를 잘 판별하지 못한다. 이를 판별하는 방법이 있는가? 있다! 그 친구와 성관계를 갖고 싶은 욕망이 있다면 그 친구는 더 이상 이성친구가 아니고 애인이

다. 그러나 그 이성친구와 자고 싶은 생각이 없다면 그 친구는 동성
친구나 다름없다. 이성 간의 사랑은 대부분 성적 욕망이 가미된 것
이다.

사랑에는 여러 종류가 있다. 그중 대표적인 것이 '첫눈에 반한 사
랑'이다. 청소년뿐만 아니라 성인들도 첫눈에 반한 사랑을 하기 쉽
다. 그런데 첫눈에 반한 사랑은 바로 상대방의 외모, 즉 육체에 반한
것이고 이는 성적 욕망을 토대로 한 사랑이다.

'첫눈에 반한 사랑'은 대부분 그리 오래가지 못한다. 왜냐하면 사
랑이란 불꽃같이 타올랐다가 서서히 꺼지기 마련인 데, 꺼져도 같이
지낼 수 있으려면 서로의 인생관과 가치관이 맞아야 하고 취미와 성
격도 엇비슷해야 한다. 남녀 간에 이런 것들이 서로 상치한다면 이
들은 헤어지고 파혼하고 이혼할 수밖에 없다. 따라서 젊은이들이
'첫눈에 반한 사랑'에 혹하지 말고 친구 같은 사랑으로부터 시작하
는 것이 좋다. '친구 같은 사랑'은 아직 이성을 배우자로 간주하지
않고 친구로 시작해 사귀는 것이다. 그 과정에서 상대방의 성격, 가
치관, 인생관을 알게 되어 서로가 어울릴 수 있는 사람인지를 파악
할 수 있다. 그런 다음에 친구가 아닌 연인 관계로 넘어가는 것이다.

'친구 같은 사랑'은 결혼 후에도 그대로 유지될 수 있고 이런 부부
는 오래 함께 살 수 있다. 왜냐하면 서로 대화를 많이 하고 상대방을
존경하며 부부가 함께 행동하는 경우가 많기 때문이다.

부모는 자녀의 사랑에 관여하기 쉽다. 자녀가 어울리지 않는 이성과 교제를 할 때 부모들은 걱정하고 이에 개입한다. 하지만 이때 잘못 개입하면 역효과를 가져온다. 소위 사회심리학에서 말하는 '로미오와 줄리엣 효과'라는 것이 나타나기 쉽다.

로미오와 줄리엣 효과는 셰익스피어의 〈로미오와 줄리엣〉이라는 유명한 희곡에서 그 명칭을 따왔다. 로미오와 줄리엣은 서로 앙숙이었던 가문의 출신이었다. 따라서 당연히 양가의 부모들은 둘의 사랑을 적극 반대했다. 그 결과는 어떠했는가? 오히려 사랑이 더 불타올랐다. 부모의 개입은 불이 난 곳에 휘발유를 퍼붓는 효과를 가져온 것이다. 왜 그런 효과가 나타나는가? 우리는 타인이 우리 일에 관여하면 반발심을 느낀다. 우리의 자율성이 침해당했다고 느끼기 때문이다. 이런 반발심은 사랑하는 젊은이들로 하여금 사랑을 방해하는 사람이 있으니 이를 물리치기 위해 더 열렬히 사랑해야 한다고 다짐하게 만든다. 저자의 아들은 대학교 1학년 때 여자친구를 데리고 와 결혼하겠다고 폭탄선언을 한 적이 있다. 우리 부부는 너무 충격을 받았지만 이성적으로 대처했다. 저자는 아내에게 절대 노골적으로 반대하는 행동을 하지 말라고 부탁하면서 그 이유로 로미오와 줄리엣 효과를 설명해 주었다. 우리의 작전은 성공했다. 첫눈에 반한 사랑을 한 아들은 얼마 후 그 여자친구와 헤어졌다. '첫눈에 반한 사랑'의 불꽃이 꺼졌기 때문이다.

연애는 서로 비슷한 용모, 지능, 집안 경제를 가진 젊은이들이 할 때 성공률이 높다. 우리는 자기와 용모가 비슷한 사람을 찾는다. 그 한 가지 이유는 용모가 크게 차이가 나는 경우 사랑을 고백했다가 거절당하는 경우가 많기 때문이다. 즉, 우리는 거절에 대한 불안 때문에 나와 비슷한 용모를 가진 사람을 택하는 경우가 많다. 물론 못생긴 남성이 미인과 맺어지는 수도 있다. 즉, 프로포즈를 했다가 거절당해도 자존심이 상하지 않는 사람이 있는데, 이런 사람만이 자신보다 훨씬 뛰어난 용모의 배우자를 차지한다.

그런데 남녀가 배우자의 자격을 따질 때 중시하는 것이 다르다. 남성은 여성의 용모에 비중을 많이 두는 반면, 여성은 남성의 능력을 중시한다. 즉, 학력, 지능, 재력 등을 중요시한다. 사회진화론자들은 그 이유를 다음과 같이 설명한다. 남성들은 자기의 종족을 많이 퍼뜨리는 데 관심이 많다. 그러자니 자연히 건강한 배우자를 선호한다. 건강해야만 아름답기 때문에 남성들이 아름다운 여성을 선호한다는 것이다. 반면, 여성들은 능력 있는 배우자를 만나 우수한 후세를 낳는 데 관심이 많다. 그 이유는 여성이 일단 임신하면 10개월 이상 성교를 할 수 없고 또 그 아이를 양육하는 데도 긴 기간이 소요되어 남성만큼 자주 성관계를 가질 수 없기 때문이다. 즉, 남성은 성관계를 언제든지 할 수 있고 그 횟수도 잦기 때문에 배우자의 능력에는 별 관심이 없다. 그저 예쁘기만 하면 끌린다. 그러나 여성은 성관계를 가지는 기회가 제한되어 있기 때문에 우수한 배우자에게 끌린다. 물론 이런 사고는 사회진화론적으로 설명한 것이다. 즉, 남녀가 서로 종족을 퍼뜨리고 계속 진화하는데 그 종족번식 방법이 다르다는 것이다. 사회진화론식 해석이 올바른지는 알 수 없지만 현실은 이에 부합한다. 저자가 2000년에 연세대학교 학생을 대상으로 이상적인 배우자의 자질에 관해 조사했는데, 여학생은 남성의 능력을 꼽은 반면 남학생은 여성의 미모를 제일 조건으로 꼽았다(이훈구, 2000).

호기심, 의욕, 자신감 부모들은 자녀가 똑똑한 아이로 자라기를 바란다. 똑똑한 아이로 키우려면 인지지능뿐 아니라 정서지능도 높여야 한다. 자녀의 정서지능을 높이려면 자녀의 호기심, 의욕, 자신감을 높여 주어야 한다.

모든 아기는 호기심을 타고난다. 걸음마를 할 때쯤 되면 벌써부터 주위를 유심히 살피고 탐색전에 나선다. 호기심은 자녀가 커서 세상을 탐색하고 자기의 적성을 발견하며 자기 일에 매진하게 하는 지적 동기의 토대가 된다. 그러면 자녀의 호기심을 어떻게 개발할 것인가? 우선 유아에게 사랑을 듬뿍 베풀어야 한다. 유아가 배고플 때, 그리고 엄마를 필요로 할 때 늘 곁에 엄마가 있어야 한다. 그렇게 양육된 유아는 자신감과 독립심이 생긴다. 걸음마를 할 때쯤 대개 유아는 주변에 호기심을 갖고 탐색하려 한다. 그러나 아직 불안해서 엄마의 손을 꼭 잡는다. 그때 엄마가 미소를 지으면 혼자 주변을 탐색한다. 그러나 엄마가 평소 유아를 충분히 돌보지 않았다면 유아는 절대 엄마 곁을 떠나지 않는다.

자녀가 한글을 깨우칠 때쯤 되면 슬슬 책 읽는 습관을 길러 주어야 한다. 어떤 엄마는 빨리 자녀를 교육시키려는 의도로 자녀에게 어린이용 세계문학전집을 한꺼번에 안겨 준다. 이것은 잘못된 방법이다. 어린이가 책이 너무 많아 그만 질려 버려서 읽을 엄두를 내지 못하기 때문이다. 책은 한 번에 한 권씩 어린이 손에 쥐어 주어야 한다.

책뿐만 아니라 음악도 가르쳐 주어야 한다. 어려서 음악을 배우지 않으면 음치가 된다. 남아메리카의 어떤 새는 어미가 노래하는 것을 모방하고 이를 배워야 노래를 부를 수 있다. 그 새를 격리시켜 기르면 죽을 때까지 노래를 부르지 못한다. 심리학에서는 이를 결정적 시기(Critical Period)라고 한다. 사람에게도 음악을 배울 수 있는 결정시기가 있다. 최소한 중학생이 되기 전까지는 음악을 배워야 한다. 그러지 못하면 음치가 된다. 저자가 아는 사람 중에 음치가 2명이 있다. 한 사람은 노래의 음정, 박자, 멜로디를 전혀 이해하지 못해서 아는 노래가 하나도 없다. 그래서 노래방에 가자고 조르면 아주 질색을 한다. 다른 한 사람은 노래를 알긴 아는데 어려서 농촌에서 타령만 배웠다. 그래서 그 친구는 유행가도 타령조로만 부르고 다른 방식으로는 못 부른다. 어려서 배우는 음악교육이 아주 중요하고 필요함을 보여 주는 단적인 예다.

미술교육도 필요하다. 저자에게는 누나와 형이 있어 이들이 학교에서 배운 동요, 가곡을 집에서 부르는 것을 들으며 자랐다. 그리고 집에 풍금이 있어 독학으로 풍금을 연주하는 법도 익혔다. 노래를 좋아해서 지금도 노래방에 가면 신이 난다. 그런데 불행하게도 미술에 대한 취미는 기르지 못했다. 중학교 2학년 때 미술 시간에 교탁 앞에 놓여 있던 꽃병을 스케치한 적이 있다. 이것을 과제물로 제출했는데 미술 선생님이 이를 보고 소질이 있으니 그림을 배워보라고 미술실에 데리고 간 적이 있다. 그런데 나는 미술을 전공할 생각이 없어 한 번만 나가고 그다음 날부터 나가지 않았다. 지금 생각하면 바보짓을 한 것이다. 미술을 전공하지 않더라도 미술을 배웠더라면 미술에 대한 이해를 높일 수 있었을 것이다. 저자는 그간 외국의 유명한 미술관을 여러 곳 방문했지만 그때마다 감흥을 느끼지 못해 무척 창피했다. 딸이 미술관을 자주 찾고 좋아하는 그림을 열심히 감상하는 것이 부럽기만 하다. 자녀가 미술에 관심을 갖도록 돕는 것도 부모의 책임 중의 하나다.

다음은 의욕과 자부심이다. 의욕은 지능보다 더 중요하다. 지능이 높아도 무엇을 하고자 하는 의욕이 없으면 성공할 수 없기 때문이다. 자녀의 의욕과 자신감에 대해서는 저자의 『의욕의 심리학』

(2008)을 읽어 보기 바란다. 이 책에서는 의욕이 왜 중요하고, 의욕을 어떻게 개발할 수 있는가를 설명했다. 이 책의 내용을 간단하게 정리한다면 어린이에게 성공할 수 있다는 자신감을 갖게 해 주어야한다는 것이다. 그래서 자녀의 실패는 외부의 다른 요인(예컨대, 운 또는 노력 부족)으로 귀인하고 자녀의 성공은 내부 귀인(즉, 자녀의 능력)해야 한다. 자녀는 성공하기보다는 실패할 때가 더 많은데 부모가 이런 식으로 귀인해 주면 자녀는 실패에서 교훈을 얻어 주눅이 들지 않는다. 또 성공할 경우에 자녀는 더욱 자부심이 강해지고 의욕도 자연스럽게 상승한다. 학교도 자녀의 자부심과 의욕을 높여 주는 역할을 할 수 있는데 이에 관해서는 다음에서 설명하기로 한다.

학교에서 개발해야 할 감정

우리는 흔히 학교에서는 지식만 잘 가르치면 다 되는 것인 줄로 착각하고 있다. 그러나 학교에서 제일 중요하게 생각해야 할 것이 아이의 적성을 판단하여 이를 개발해 주는 것이다. 그리고 무엇보다 정서교육을 실시하는 것이다.

저자가 1988년 하와이를 방문했을 때 그곳에서 안식년을 보내고 있었던 동료 교수를 만났다. 그는 초등학교에 다니는 자녀 둘이 있었다. 내가 지나가는 말로 아이들이 학교에서 잘 적응하느냐고 물었다. 그랬더니 그는 "영어가 안 통하니 잘할 수가 있나요. 한 아이는 매일 학교에서 물고기 그림책만 들여다보고 있어요. 선생님이 아이가 물고기에 관심을 갖는 것을 알고 '너는 물고기 공부만 열심히 하면 된다'고 말했답니다." 나는 이 말을 듣고 '미국 초등학교 교사가 제대로 교육을 시키고 있구나.' 하고 감탄했다.

우리나라에서 이런 경우가 발생했다면 어떤 식으로 교사가 교육시켰을까? 만약 한국말을 잘 못하는 동남아 출신의 아동이 있었다면 어떻게 했을까? 부모를 불러 한글을 먼저 깨치게 하라고 분부했을 것이다. 글자는 언제든 깨치게 되어 있다. 처음부터 학생에게 글을 못 읽는다고 타박하고 기를 죽여서는 안 된다. 그 학생의 적성이 어디에 있는가를 조기에 발견하고 이를 키워 주는 노력이 필요하다. 위대한 과학자, 발명가, 학자들의 어린 시절을 조사해 보면 이들은 남다른 취미를 갖고 있었다. 파브르는 곤충에, 갈릴레오는 하늘의 별에, 에디슨은 기계에 관심이 있었다. 이들의 학교 성적은 좋지 않았다. 그러나 자신의 적성을 개발해 마침내 위대한 인물이 될 수 있었다.

이렇게 학교에서 공부만이 아니라 학생들에게 호기심을 길러 주고 적성을 개발해 주면 누구나가 자부심을 가질 것이다. 그러나 현재 우리나라 교육은 주입식 교육에 치중하기 때문에 학생들이 호기심과 적성을 적절히 발휘하지 못한다. 그래서 자부심과 의욕이 발달하지 못한다. 오히려 학생들의 자부심과 의욕이 초기에 말살된다. 학교에서 입시공부만 강조하기 때문이다. 성적은 상대적이기 때문에 좋은 성적을 받은 학생보다는 나쁜 성적을 받은 학생이 더 많다. 즉, 1등급 학생보다는 4, 5등급의 성적을 받은 학생이 더 많다. 그래서 아무리 공부를 열심히 해도 좋은 등급을 받지 못하는 학생은 주눅이 들고 열등감에 사로잡히기 마련이다. 그래서 학생들은 이른 나이에 의욕을 잃고, 자신감이 부족하다.

학교의 체육 시간도 예전으로 환원해야 한다. 고3이 되면 아예 체육 시간은 수능시험을 위한 학과목 공부 시간으로 전환한다고 한다. 운동 역시 어렸을 때부터 배워야 빨리 배울 수 있다. 골프의 황제 우즈는 걸음마를 배울 때부터 골프채를 휘둘러 지금의 대가(大家)가 되었다. 운동은 비단 우리의 건강에만 도움이 되는 것이 아니다. 운동을 하면서 몰입하고 이를 통해 희열을 맛본다. 또 운동을 통해 우정을 나누고 리더십을 배운다. 그래서 영국의 유명한 사립고등학교에서는 학생들이 모두 최소한 한 가지 운동을 배우도록 규정하고 있다. 우리나라의 모 사립고등학교에서도 이를 본받아 학생들에게 테니스, 골프, 양궁 중에서 자신이 하고 싶은 운동을 택해 열심히 운동하도록 유도한다.

1950년대 저자가 중 · 고등학교에 다닐 때는 운동 시간을 거의 노는 시간으로 간주했다. 운동기구도 별로 없었지만 운동에 대해 잘 못된 생각을 하고 있었다. 즉, 공부 못하는 학생이나 운동을 한다는 편견을 가지고 있었다. 체육 시간을 그저 철봉에 매달려 보거나 친 구들과 잡담하는 것으로 끝냈다. 지금 와서 생각해 보면 체육 교사 나 학생들 모두가 잘못 생각한 것이다. 체육의 중요성을 강조하고 여러 가지 스포츠를 접할 기회를 주고 열심히 운동하도록 가르쳤어 야 했다.

운동을 하면 스트레스가 해소되고 엔도르핀이 분비된다. 그리고 경기를 하여 승리하면 쾌감과 더불어 자부심이 높아진다. 늙어서 시 간을 보내고 건강을 유지하는 데 운동은 아주 긴요하다. 저자는 젊 었을 때 테니스를 배워 정년퇴임한 후 지금까지 테니스를 치는 것을 큰 행운이라고 생각한다. 나이 든 사람들은 운동을 배우고 싶어도 이 미 몸이 많이 쇠약해진 후라 힘이 들어 포기한다. 그러므로 학교에서 어린 학생들에게 열심히 운동을 가르쳐야 한다.

우리나라의 초등 · 중등 교육은 잘못되어도 한참 잘못되었다. 지 금 초 · 중 · 고등학교 학생들은 너무 많은 과목을 장시간 공부하고 있다. 아마 우리나라 초 · 중 · 고등학교 학생들처럼 공부를 많이 하 는 학생은 세계에서 드물 것이다. 초등 · 중등 교육에서는 필요한 과 목 몇 개만 가르치면 된다. 미국의 경우 중 · 고등학생은 다섯 과목 만 배운다. 국어, 역사, 과학, 수학 그리고 심리학을 비롯한 선택 과목 하나가 그것이다. 그런데 우리나라의 중·고등학교에서 배우는 과목의 수는 십여 가지가 넘는다. 그리고 이것을 수능시험에서 모두 치른다. 그러니 학생들이 공부에만 파묻혀야 한다. 반면, 정서교육은 등한시한다. 예를 들어, 앞에서 말했지만 체육 시간은 줄어들고 아예 고3이 되면 다른 공부로 대치한다.

음악, 체육, 미술을 통한 정서교육이 부활되어야 한다. 학생들이 한 가지 이상의 운동을 즐기고, 악기를 능숙하게 다룰 줄 알도록, 미술에 대해서도 어느 정도 이해할 수 있도록 교육해야 한다. 이런 교육을 통해 운동선수, 음악가, 미술가를 배출하고자 하는 것이 아니다. 우리의 정서지능을 높이려면 이런 정서교육이 필요하기 때문이다. 그리고 정서교육은 우리의 행복감을 높이고 정신적·육체적 건강을 담보해 준다.

사회에서 개발해야 할 감정

우리 민족은 상처가 많은 민족이지만 나라를 굳건히 지켜 온 자랑스러운 민족이다. 더구나 6.25전쟁의 폐허 속에서 경제성장을 이루어 세계 역사상 유례없이 단기간에 중진국에 진입한 패기와 불굴의 정신을 가진 민족이다. 자원도 부족한 한국이 오늘날 세계 무역

규모 10위권으로 도약한 것은 국민들이 의욕과 끈기를 지녔기 때문이다.

옛부터 우리 민족은 가무를 즐기는 낙천적인 민족으로 알려져 왔다. 이런 한국인의 특징은 그대로 이어져 지금도 한국인은 노래를 즐긴다. 노래방이 곳곳에 있고 누구나 노래를 즐기는 것은 우리 민족의 장점 중 하나다. 집합사회이기 때문에 개인의 자유가 억압되는 경향이 없지 않지만 그 대신 가족, 친구, 동료 그리고 상사 간에 정이 두텁다. 앞에서 언급했지만 하와이대학교 정치학과의 페이지 교수는 한국을 우정의 나라라고 칭송했다.

한국인이 우수하다는 것은 스포츠 분야에서도 드러난다. 미국이나 중국에 비해 인구가 상대적으로 적은데도 한국 선수들이 세계 무대에서 주름잡는 일이 허다하다. 피겨스케이트에 김연아, 수영에 박태환, 축구에 박지성, 골프에 최경주 등의 선수들이 두각을 나타내고 있다. 미국여자프로골프리그(LPGA)는 한국 선수들이 독점하고 있어 수많은 대회에서 박세리, 김미현, 신지애 등 한국 골퍼들이 1위를 휩쓸고 있다.

이상의 예를 검토해 보면 한민족이 지적으로나 정서적으로 우수하다는 것을 알 수 있다. 따라서 우리가 사회적으로 따로 새로이 개발해야 할 정서는 없을 듯하다. 그러나 앞으로 한국인이 선진국민이 되기 위해 갖추어야 할 몇 가지 정서에 관해 저자가 나름대로 판단한 이야기를 해 보기로 한다.

앞에서 잠깐 언급했지만 한국인은 양심, 정의감 그리고 죄책감이 부족하다. 이는 물론 우리 사회 전반에 아직도 사라지지 않은 부패 때문이다. 부패는 혼자 저지르는 경우보다 여러 사람이 함께 동조하는 경우가 많다. 예컨대, 정부 관리가 뇌물을 받거나 권력을 남용할 때 권력자 한 사람이 하는 경우보다는 그가 속해 있는 부서가 모두 연루되어 있는 경우가 많다. 이것은 우리 사회가 앞서 말한 것처럼 집합사회이기 때문이다. 그래서 집단 부패가 더 성행한다.

한국에 부패가 성행하는 또 다른 원인은 한국인이 거짓말에 대해 너무 관용을 베풀기 때문이다. 거짓말을 하지 않는 것은 모든 도덕의 기초가 된다. 거짓말을 안 하는 사람은 용기와 정의감 수준도 높다. 그런데 한국인은 거짓말을 다반사로 하고 또 거짓말을 쉽게 용서한다. 그러나 미국에서는 "당신은 거짓말쟁이야."라는 평을 최악의 욕으로 간주한다. 그래서 미국 서부영화에서는 "You are liar.", 즉 당신은 거짓말쟁이라는 말을 들으면 그 사람에게 총을 빼드는 경우가 허다하다. 그러나 한국에서는 일반 시민은 물론 정치지도자도 거짓말을 다반사로 한다. 어떤 전직 대통령은 공석에서 "말을 장소에 따라 그리고 때에 따라 바꿀 수 있다."라고 말해 국민을 놀라게 한 적이 있다. 그래도 국민들은 그를 대통령으로 선출했다. 미국의 닉슨 대통령이 탄핵을 받아 사임한 것은 워터게이트 사건에서 거짓말을 했기 때문이다. 이렇게 미국 사회에서는 거짓말, 특히 지도자의 거짓말을 엄격히 다룬다.

21세기에 한국이 선진국에 진입하려면 경제가 더 성장해야겠지만 이에 못지않게 국가의 부패 수준이 낮아져야 한다. 그러기 위해서는 거짓말을 수치스럽게 생각하고 이를 악으로 간주하는 의식이 있어야 한다. 거짓말을 하지 않는 풍토를 조성하여 우리 국민이 양심과 정의감을 보다 더 높일 수 있어야 한다.

그다음으로 한국에서 키워야 할 국민 정서는 고발 정신이다. 외국에서는 주차위반, 인명사상이 없는 뺑소니 사고 등 간단한 법규 위반이라도 일반 시민들이 모두 고발한다. 그래서 한국인들이 낭패를 당하는 경우가 더러 있다. 어느 미국 유학생이 친구를 방문하고 집에 가는 길에 주차한 차를 빼다가 동네 길가에 세워진 차를 들이받았다. 주위를 둘러보니 아무도 보는 사람이 없고 불이 켜져 있는 집도 안 보이길래 뺑소니를 쳤다. 그런데 얼마 후 경찰로부터 출두 지시가 왔다. 뺑소니 신고가 들어왔다는 것이다. 나중에 조사해 보니 이웃 할머니가 창문으로 내다보다가 그 유학생이 차 사고를 낸 것을 보고 이를 신고한 것이다. 이런 일이 우리나라에서 발생하면 어떤 일이 벌어질까? 대개 못 본 척하고 지나칠 것이다.

시내를 돌아다니다 보면 목격자를 찾는 플래카드를 심심치 않게 보게 된다. 교통사고의 목격자를 찾는 광고다. 목격자가 나서면 보상하겠다는 문구도 적혀 있다. 그러나 외국에서는 이런 사례가 많지 않다. 그 이유는 뺑소니 사고를 목격한 사람은 거의 경찰에 자발적으로 신고하기 때문이다.

목격자 진술 문제는 교통사고에 국한하지 않는다. 우연히 범죄 현장을 목격하는 사람들이 있다. 이 목격자는 반드시 자신이 목격한 범죄 현장을 경찰에 신고하고 재판 때 증언해야 할 필요가 있다. 한국에서는 범죄 현장을 목격하고도 이를 방관하는 사람이 적지 않다. 그 이유 중의 하나는 잘못하면 사건의 가해자로부터 봉변을 당할 수 있기 때문이다. 미국에서는 목격자를 보호하는 대책이 마련되어 있어 목격자가 법정에 출두하여 진술할 때까지 목격자를 안가(安家)에 보호하는 법적 장치가 마련되어 있다. 한국인의 고발 정신을 높이기 위해서는 경찰이 목격자나 증인을 보호하고 이들이 안심하고 진술할 수 있도록 조처해야 한다. 이들을 경찰서나 법원에서 이리 가라 저리 가라 식으로 푸대접하는 한, 국민들의 고발 정신은 함양될 수 없다. 고발 정신의 함양은 한국인의 양심을 높이고 부패를 척결하는 지름길이 된다.

우리 사회의 집합주의 특징에서 나타나는 또 다른 부작용이 있다. 그것은 부정부패가 가족이나 씨족 또는 문중의 이름으로 미화되고 있다는 사실이다. 역사를 보면 조선시대의 당파싸움이나 권력투쟁은 씨족과 가문을 중심으로 자행되는 경우가 다반사였다. 조선 말기 여러 가문의 세도정치가 그 예다. 그런데 아이러니한 것은 당파싸움이나 권력투쟁이 관련된 가족이나 문중 측에서는 미화되고 있다는 것이다.

이런 집합주의의 횡포는 오늘날에도 이어진다. 사학자들은 과거의 어떤 인물을 있는 그대로 알리기를 주저한다. 왜냐하면 그 인물의 잘못을 지적할 경우 그 인물의 후손들과 문중으로부터 거친 항의를 받기 때문이다. 그래서 우리나라에서는 역사적 인물에 대한 전기물이 잘 간행되지 않는다. 있는 그대로 쓰기가 어렵기 때문이다. 혹여 그 역사적 인물의 사소한 잘못이라도 지적하면 그 후손으로부터 명예훼손으로 고소를 당한다. 청소년이 우리나라의 역사적 인물에 관한 전기물을 읽고 거기서 얻는 교훈과 지혜는 매우 필요하고 소중한 것이다. 그러나 불행하게도 이런 지혜를 얻을 기회가 우리 청소년에게는 거의 없다.

마지막으로 조속히 청산해야 할 과제 한 가지는 우리 사회에 팽배한 지역감정이다. 과거의 지역감정이란 7도민의 전라도 사람에 대한 편견이었다. 그러다 박정희 정권이 들어서면서부터 '영남우대 호남홀대'라는 지역감정이 싹트기 시작했다. 전두환 정권 때 발생한 5.18민주화운동으로 영남과 호남 간의 지역감정은 더욱 격화되었다. 그 후 정치인들이 선거에 지역감정을 이용하면서 이제 한국의 지역감정은 호남 대 기타 지역 간의 갈등이 아닌 호남, 영남, 호서까지 확대되었다. 예컨대, 2008년에 자유선진당이 창당되었는데 이는 충청도민의 결집을 노린 것이었고 그것이 성공해 한 정당으로 자리 잡기에 이르렀다.

현재의 지역감정은 그 내용이 크게 확대되었다. 지방 대 서울, 경기도 대 서울 등의 지역감정이 있다. 이런 지역감정이 발달하게 된 연유에는 정치가의 책임이 크다. 노무현 대통령은 표를 얻기 위해 행정도시 계획을 발표했고 그 결과 막대한 재정적 부담이 생겨났다. 토지보상에 따른 통화량의 확대로 부동산 시세가 급등했다. 그의 행정도시는 지방과 기존 도시 간의 갈등을 부추겼다. 더불어 이명박 대통령 정부의 수도권 지역의 공장 건설은 경기도를 비롯한 지방도민의 반발을 사고 있다. 이제 정부가 국가정책을 추진할 때마다 지역감정이라는 깊은 골 속에서 한바탕 곤욕을 치를 수밖에 없다.

지역감정이 해소되어야 국가가 발전할 수 있다. 인재등용, 국가혁신정책 등을 지역감정을 고려해 지역 안배를 한다면 실패하기 마련이다. 우리나라는 이런 상황에서는 더 이상 발전할 수 없다. 이제 정치인들은 더 이상 지역감정을 선거에 악용해서는 안 된다. 국민들도 국가를 위해 지역감정을 부추기는 정치인에게 표를 주어서는 안 된다. 현재의 지역감정을 해소하기 위한 방안을 학자와 정치가들이 모두 열심히 찾고 지역감정을 한국 사회에서 추방하는 데 앞장서야 한다.

******

이 장에서는 우리가 개발해야 할 중요한 정서를 나열했다. 그리고 그 정서 개발을 책임져야 할 곳을 생각해 보았다. 먼저 가정에서는 자녀에게 사랑을 베풀고 이를 배우게 해야 하며, 청소년이 자신의 성적 욕구를 잘 이해하고 이를 통제할 수 있게 해야 한다. 또 부모들은 자녀의 호기심, 자부심, 의욕을 발달시켜야 한다.

학교에서는 학생의 적성을 조기에 발견하여 진로지도에 힘써야 하고 음악, 미술, 체육을 통한 정서교육에 더 많은 시간을 할애해야 한다. 그러나 우리나라 학교교육은 현재 이와 반대로 나가고 있다.

사회에서는 거짓말을 추방하고 양심을 키우며 정의감과 죄책감을 함양할 필요가 있다. 그 이유는 우리 사회에서 부패와 부정이 아직도 성행하기 때문이다. 고발 정신도 제도적으로 장치를 마련해 선진국 수준으로 높여야 한다. 반면, 지역감정은 우리 사회에서 반드시 척결해야 할 중요한 국민 감정이다.

행복을 찾아서

사람은 모두 행복하기 위해 산다고 말해도 과언이 아니다. 따라서 우리가 어떻게 살면 행복한지 잘 알아 두어야 한다. 최근의 심리학자들은 행복하려면 어떤 마음가짐을 가져야 할지 그리고 어떤 생활을 해야 할지에 관해 많이 연구해 왔다. 그러나 결론적으로 말한다면 행복한 삶에 관한 어떤 기준이 따로 있는 것이 아니다. 각자 나름대로 가지고 있는 인생관과 가치관이 많이 작용한다. 즉, 어떤 사람은 돈이 많아야 행복하다고 생각하는 반면, 나물 반찬 먹고 물 마시는 청빈한 생활을 즐기는 사람도 있다. 이런 한계점이 있기는 하지만 그래도 심리학자들이 연구한 행복한 삶, 행복에 영향을 주는 요인을 한번쯤 눈여겨볼 필요는 있을 것이다.

건강과 행복

성경에 우리가 잘 아는 다음과 같은 이야기가 있다. "재물을 잃는 것은 일부를 잃는 것이다. 그러나 건강을 잃으면 모든 것을 잃는다." 이 말을 부정하는 사람은 아무도 없을 것이다. 돈보다는 건강이 더 중요하다. 그러나 일반인들에게 행복의 조건이 무엇이냐고 물으면 대부분 돈이라고 생각하지 건강이라고 말하지 않는다. 왜 그런 바보 같은 생각을 할까? 그것은 우리 대부분이 건강하기 때문이다. 마치 공기가 늘 있어서 공기의 중요성을 모르는 것과 마찬가지다.

사람은 아픈 후에야 비로소 건강의 중요성을 알게 된다. 병원에 입원했던 경험이 있는가? 그 사람은 병실에서 건강이 행복을 결정한다고 생각했을 것이다. 하지만 병이 낫자마자 그는 더 이상 건강이 행복의 잣대라고 생각하지 않는다. 나이가 들어서야 건강의 중요성을 인식하게 되는데, 이는 철이 들어서가 아니라 나이가 들면 노쇠해지고 병이 자주 나기 때문이다.

돈과 행복

대개 돈이 많을수록 그만큼 더 행복할 것이라고 생각한다. 10억 원 가진 부자는 1억 원 가진 부자보다 더 행복하고, 100억 원 가진 부자는 10억 원 가진 부자보다 더 행복하다고 생각하기 쉽다. 솔직히 돈은 어느 정도 우리의 행복감에 영향을 준다. 먹고 사는 것이 어렵고 불편하면 그만큼 스트레스가 많고 걱정이 많다. 그래서 어느 정도 돈은 필요하다. 그런데 그 돈이 얼마나 되어야 하는 것일까?

많은 사람들이 로또복권을 산다. 돈벼락 맞는 꿈을 꾼다. 누구나 1등에 당첨돼 10억 이상을 받으면 구름 위를 나는 행복감을 만끽할 것이라고 생각한다. 이 말이 전혀 틀린 것은 아니다. 로또복권에 당첨돼 거액의 상금을 받은 사람은 큰 집과 외제차를 사고 해외 여행을 다니면서 인생을 즐긴다.

그러나 심리학자가 복권 당첨자를 일반 사람과 비교해 조사해 보았더니 그들은 그렇게 행복하지 않았다. 미국의 심리학자 브릭먼 등이 거액의 복권 당첨자 60명을 조사한 연구 결과가 있다(Brickman et al., 1978). 물론 복권 당첨자의 생활이 윤택해진 것은 사실이다. 그러나 복권 당첨으로 치러야 할 대가도 만만치 않았다. 많은 사람들이 조강지처를 버리고 새 부인을 맞아들였으며, 친척과 친구들이 사업자금을 빌려 달라고 쫓아다녀 곤욕을 치렀다. 당첨금을 분배하느라 심한 갈등도 발생했다. 어떤 사람은 동료와 돈을 합쳐 복권을 샀고 또 어떤 사람은 자기가 산 복권이 당첨되면 이를 나누어 주겠다고 지인에게 약속을 했다. 그러나 막상 복권에 당첨되자 이들은 모두 약속을 깨 버렸다. 그래서 법정 소송까지 가게 된 경우도 있었다.

복권 당첨자들은 심리학적으로도 아주 불행한 사람임이 판명되었다. 왜냐하면 복권 당첨자에게는 더 이상 행복한 사건이 일어나지 않기 때문이다. 우리는 사소한 일에서 잔잔한 행복을 느낀다. 예컨대, 아침에 신문을 읽으면서 커피를 마실 때, 아내와 오랜만에 영화한 편을 관람할 때, 다정한 친구를 만나 소주 한 잔을 기울일 때, 그리고 돈을 모아 새 옷을 장만할 때 우리는 조그만 행복감에 젖어 든다. 그러나 복권 당첨자에게 잔잔한 행복이란 더 이상 존재하지 않는다. 행복체감수치가 너무 높아졌기 때문이다. 그가 다시 웃을 수있는 일이란 복권에 또 당첨되어 수십억을 받는 길뿐이다. 그러나이런 일은 생전에 다시 발생하지 않는다. 그러니 그는 불행할 수밖에 없는 것이다. 그러나 많은 사람들이 복권 당첨자에게는 많은 돈이 있지 않느냐, 놀고먹는 재미가 있지 않느냐고 반문할 수 있다. 일안 하고 먹고 노는 것이 겉으로 보기엔 재미있을 것 같지만 그것은단지 몇 개월뿐이다. 그다음부터는 심심하고 무료해서 지옥 같다.

또 그 많은 돈을 왕창 쓰려면 도박을 하거나 술에 빠질 수밖에 없다. 그러다 보니 몸이 상하고, 일찍 사망하기도 한다. 이렇게 여러 가지를 따져 보면 거액의 복권 당첨자는 우리가 생각하는 만큼 행복한 사람이 아니다.

현재 돈을 많이 가지고 있어도 자신을 더 돈 많은 사람과 비교하면 우리는 행복해질 수 없다. 반면, 자신을 돈이 없는 사람과 비교하면 행복해진다. 남과 비교하는 것을 심리학에서는 사회비교(Social Comparison)라고 부른다. 사회비교 심리학자들은 우리가 행복하고 성공할 수 있으려면 재산은 자기보다 못 사는 사람과 비교하고, 성공은 자기보다 더 성공한 사람과 비교하라고 충고한다. 집이 없고 끼니를 걱정하는 사람과 비교하면 우리 대부분은 풍족하다고 느낀다. 그런데 왜 성공은 자기보다 못한 사람과 비교해서는 안 되고 보다 더 성공한 사람과 비교해야 하는가? 그래야만 우리가 더 열심히 노력하기 때문이다. 즉, 반에서 중간 정도로 공부하는 학생은 반에서 성적이 가장 높은 학생과 자신을 비교해야 한다. 나보다 못하는 사람이 반에서 반이나 되는데 하고 자신을 공부 못하는 사람과 비교하면 더 이상 공부를 안 하게 되고 그 학생에게 더 이상의 발전은 없다.

성격과 행복

행복은 성격과 깊은 상관이 있다. 낙관적인 사람은 비관적인 사람에 비해 행복하다. 낙관적인 사람은 앞날을 긍정적으로 그리고 매사를 좋은 쪽으로 생각하는 반면, 비관적인 사람은 걱정이 많고 무엇이든 나쁜 쪽으로 생각한다. 낙관적인 사람은 자신감과 자부심이 높은데 그 이유는 다음과 같다. 우선 낙관론자는 일에 실패하더라도 이를 자책하지 않는다. "이번 실패는 운이 나빴고 내가 열심히 하지 않은 탓이야." 하면서 자신감을 잃지 않고 재기를 위해 더욱 열정을 쏟는다. 반면, 비관적인 사람은 실패를 자기의 몫으로 돌려 자책하며 자신감을 잃는다. 실제로 운이 작용했음에도 불구하고 모든 책임을 자신에게 돌린다. 그래서 재기할 용기를 잃어버린다.

셀리그먼은 비관론의 대표적인 특징인 무기력에 관해 실험을 했다(Seligman, 1983). 먼저 개를 두 집단으로 나누어 한 집단의 개들에게 2번의 실험을 했다. 첫 번째 실험에서는 사방이 갇힌 방 안의 개들에게 3~4초마다 전기충격을 주었고, 개들은 그곳을 벗어나기 위해 발버둥쳤다. 그리고 두 번째 실험에서는 그 개들을 중간에 칸막이가 설치되어 있어 두 칸으로 나누어진 방에 넣었다. 개들은 그곳에서 전기충격을 받으면 칸막이를 넘어 다른 공간으로 도피하여 전기충격을 면할 수 있었다. 그러나 두 번째 실험에서 전기충격을 받은 대부분의 개가 쭈그리고 앉아 옆 공간으로 도피하지 않았다. 개가 무기력해졌기 때문이다. 다른 집단의 개는 첫 번째 실험을 하지 않고 바로 두 번째 실험을 했다. 즉, 중간에 칸막이가 설치되어 있어 두 칸으로 나누어진 방에 개를 넣고 전기충격을 3~4초마다 주었다. 그랬더니 그 개들은 대부분 칸막이를 넘어 옆 공간으로 도피했다.

무기력해진 개를 우리에서 탈출시키는 작전을 시도해 보았다. 즉, 첫 번째 실험에서 무기력감을 학습한 개에게 다음 실험에서 전기충격이 올 때 실험자가 옆 공간에 먹이를 넣어 주어 개를 옆 공간으로 건너오도록 유혹했다. 그래도 첫 번째 실험을 경험한 개들은 꿈쩍도 하지 않았다. 목에 쇠사슬을 매어 그 개를 끌어내도 요지부동이었다. 어떤 개는 실험자가 25회를 열심히 옆 공간으로 끌어당겨 피신했지만 어떤 개는 200번을 그렇게 해야 그다음 전기충격이 올 때 간신히 옆 공간으로 피할 수 있었다.

그런데 개가 왜 이렇게 무기력해졌는가? 그 이유는 첫 번째 실험에서 개가 아무리 이리저리 뛰어도 전기충격을 피할 수가 없었기 때문이다. 즉, 자신이 아무리 발버둥쳐도 난관을 벗어날 수 없다고 생각하자 그때부터 개는 무기력해졌다.

셀리그먼은 인간의 무기력과 개의 무기력이 상당히 유사함을 발견했다. 즉, 무기력한 사람에게서 나타나는 특징은 개를 무기력하게 만들었을 때 그 개가 갖는 특징과 아주 유사했던 것이다. 즉, 사람이나 개가 무기력해지면 화나게 해도 반항하지 않고, 식욕과 성욕이 줄어들며 잠을 잘 자지 못한다.

셀리그먼은 무기력이 우리가 학습한 것이고, 이 학습은 제거될 수 있다고 말한다. 그런데 그 방법 중의 하나가 자신의 실패를 자신에게 돌리지 않고 반대로 이를 외부에 귀인하는 것이다. 즉, 바로 위에서 말한 낙관적인 사람이 자신의 성공과 실패를 귀인하는 방법을 배우게 하는 것이다. 요즘 세계적인 경제 위기가 닥쳐 우리나라에서도 이를 비관하여 자살하는 사람이 많다. 낙관적으로 생각하는 방법을 사람들에게 널리 전파할 필요가 있다.

과연 누가 행복한가

행복을 연구하는 많은 학자들이 미국인을 대상으로 생활 만족에 관한 연구를 했는데, 생활 만족이란 개인의 행복을 나타내는 아주 중요한 측정치다. 즉, 행복을 연구하는 심리학자들은 사람들에게 "당신은 얼마나 행복하십니까?"라고 직접 묻지 않는다. 그러면 사람들이 어리둥절해하기 때문이다. 우리는 자신이 얼마나 행복한지를 숫자나 말로 표현하기가 어렵다. 행복이라는 단어가 추상적이고 막연하기 때문이다. 그래서 행복심리학자들은 행복을 측정하는 여러 가지 방법을 고안해 내기에 이르렀고, 그 가운데 하나가 사람들이 자신의 여러 가지 생활에 대해 얼마나 만족하는가를 알아보는 것이다. 예컨대, 경제생활, 결혼생활, 직장생활에서의 만족도를 알아본다.

미국의 심리학자 앤드류와 위시는 미국인의 생활 만족에 영향을 주는 요인을 밝히기 위한 연구를 했다(Andrew & Withey, 1973). 이 연구를 위해 1972년에 미국에서 수행한 3개의 전국조사연구와 1973년에 수행한 2개의 소규모 조사의 연구 결과를 분석했다. 연구자들이 이 다섯 가지 생활 만족에 관한 연구에서 조사한 구체적 조사 항목 수를 집계해 보니 무려 123개나 되었다. 이 항목들은 군집분석(cluster analysis)을 통해 30개의 차원으로 줄일 수 있었다. 즉, 연구자들은 생활 만족 또는 행복과 관련해 조사할 수 있는 항목의 차원은 서른 가지로 통합될 수 있음을 밝혔다.

이제 앤드류와 위시가 연구한 결과를 살펴봄으로써 행복에 영향을 주는 요인이 무엇인가를 알아보기로 하자. 앞에서 말한 것과 같이 연구자들은 기존 연구에서 조사한 생활 만족에 영향을 주는 요인을 다차원분석방법으로 요인 분석했고, 그 결과 30개의 삶의 영역 차원이 '전반적 생활 만족', 즉 행복에 영향을 미치는 요인으로 밝혀졌다. 연구자들은 이 30개의 차원이 응답자의 '전반적 생활 만족'에

각기 어느 정도로 영향을 주었는가를 분석했는데, 그 결과가 〈표 6〉
에 제시되어 있다. 표를 보면 왼쪽 끝에 조사 항목의 영역이 있고 오
른쪽에는 남녀별로 그리고 전체별로 각 영역 차원이 '전반적 생활
만족'에 갖는 에타(eta)와 베타(beta)가 있다. 전자는 단순상관관계
를 나타내고, 후자는 각 영역 차원이 '전반적 생활 만족'에 단독으로
미치는 영향력, 즉 다른 차원의 영향을 0으로 통제한 상황에서 어떤
한 영역 차원이 '전반적 생활 만족'을 단독으로 설명하는 양을 나타
낸다.

〈표 6〉 서른 가지 삶의 차원이 '전반적 생활 만족'을 설명한 양

영역	전체		남성		여성	
	eta	beta	eta	beta	eta	beta
자기효능감	.55	.26	.53	.23	.57	.32
가정	.38	.19	.38	.20	.39	.16
금전	.47	.15	.43	.15	.50	.16
재미	.51	.15	.15	.19	.51	.17
주택	.36	.12	.40	.14	.35	.09
가족과 함께하는 일	.38	.11	.39	.12	.39	.13
하고 싶은 일을 할 수 있는 시간의 양	.28	.09	.32	.16	.27	.10
젊은이의 사고와 행동에 대한 만족	.15	.09	.11	.14	.23	.10
여가시간 활동	.41	.09	.44	.09	.39	.08
레크리에이션 지수	.22	.07	.26	.07	.22	.10

국가정부 지수	.26	.07	.28	.09	.28	.10
소비자 지수	.31	.07	.33	.11	.31	.11
지방정부 지수	.23	.07	.31	.11	.18	.05
가사	.26	.07	.30	.12	.25	.06
매체 지수	.15	.06	.22	.12	.12	.04
건강	.29	.06	.29	.09	.30	.07
지출 지수	.26	.06	.26	.09	.29	.06
지역의 학교	.17	.06	.23	.09	.15	.08
이웃의 서비스	.20	.06	.26	.13	.18	.07
친밀한 성인 친척	.22	.06	.25	.10	.22	.05
자연환경	.13	.05	.16	.09	.14	.05
친해질 수 있는 사람을 만날 기회	.31	.05	.35	.05	.30	.06
이웃 지수	.31	.04	.33	.07	.30	.04
40세 이상의 사람에 대한 생각에 대한 만족	.22	.04	.25	.10	.21	.04
소속 조직에 대한 만족	.21	.04	.22	.05	.21	.05
기후	.12	.04	.19	.06	.10	.05
친구 지수	.34	.03	.36	.06	.34	.05
직업	.23	.03	.36	.11	.15	.02
신앙	.24	.03	.28	.06	.24	.07
타인과의 친목	.31	.01	.35	.10	.30	.06
사례 수	1297		547		750	
설명한 변량(%)	55%		64%		60%	
중다상관	.74		.80		.77	
모집단 추정치	50%		51%		50%	

전반적으로 결과를 살펴보면 30개의 영역 차원 모두가 '전반적 생활 만족'을 설명하는 양은 55%이고, 집단 전체에 대한 수정 측정치는 50%다. '전반적 생활 만족'을 가장 많이 설명한 영역 차원을 보면 '자기효능감'(self efficacy) '가정' '금전' '재미'(fun) 그리고 '주택'이다. 이제 이들 차원이 어떤 내용인가, 즉 실제로 어떻게 측정되었는가를 살펴보자.

'자기효능감' 차원은 세 문항으로 조사했는데 그것은 ① 자신이 삶의 문제를 처리하는 방법에 대한 만족, ② 자신이 인생에서 성취하는 것에 대한 만족, ③ 자신에 대한 만족이다. 이 세 가지 측정 문항을 분석해 보면 '자기효능감'이란 자신감, 자신의 업적 및 자신에 대한 만족을 나타내는 것임을 알 수 있다. 이 결과는 행복하려면 자기효능감이 충족되어야 함을 시사한다. 미국의 심리학자 로빈슨과 세이버는 행복의 조건으로 자기효능감을 제일 중요한 것으로 간주했는데 그의 이론이 여기서 증명되었다(Robinson & Shaver, 1969). 이 '자기효능감'은 자아실현을 이룬 사람이 가질 수 있는 심리적 능력이다. 즉, 자아실현한 사람은 행복한 사람이다.

다음으로 행복에 영향을 주는 두 번째 중요한 차원으로 나타난 '가정' 차원을 살펴보자. 가정 차원 역시 세 가지인데 다음과 같은 세 가지 측면의 만족을 조사했다. ① 자녀, ② 배우자, ③ 결혼생활이다. 이 연구에서는 가정생활에 대한 만족, 즉 자녀, 배우자 그리고 결혼생활에 대한 만족이 행복에 두 번째로 큰 영향을 준 것으로 나타났다. 일반적으로 직업에 대한 만족도 가정생활에 대한 만족 못지 않게 중요한 것으로 여겨져 왔지만 이 조사에서는 직업에 대한 만족이 끝에서 세 번째로 중요한 것으로 나타났을 뿐이다.

행복에서 세 번째로 중요한 것으로 나타난 '금전' 차원에는 두 가지가 있는데 ① 임금, ② 삶의 수준(즉, 주택, 차, 가구, 여가와 관련한 경제 수준)이다. 이 결과는 경제적 수준이 행복을 느끼는 데 중요한 요소임을 시사한다. 네 번째로 중요한 요소로 등장한 것은 여가선용 또는 취미와 관련된 것으로 이것에서 얼마나 재미를 느끼는가를 말한다.

이 연구에서 다섯 번째로 중요한 요인으로 나타난 것은 주택에 대한 만족이다. 즉, 이 조사에서 조사한 '주택' 차원은 '집에 대한 만족'이다. 한국인을 대상으로 조사한 연구에 따르면, 우리나라에서도 주택 소유 여부가 행복을 결정하는 데 큰 영향을 주는 것으로 나타났다(Doh et al., 1981). 특히 우리나라와 같이 집값이 비싼 나라에서는 오랫동안 저축을 해야만 가능하기 때문에 주택 소유 여부가 행복의 요건으로 부상한다(이명신, 1997).

이 조사 결과에서 행복에 영향을 주는 서른 가지 요인에서 남녀 간에는 뚜렷한 차이가 없다. 다만, 한 가지가 크게 차이 나는데 그것은 '직업'이다. 직업에 대한 만족이 행복을 설명하는 설명량은 남성의 경우는 11%인 데 비해, 여성의 경우는 2%에 불과하다. 이것은 여성보다 남성이 직업을 인생에서 더 소중히 느끼는 경향을 반영한 것이다.

〈표 6〉에서 '하고 싶은 일을 할 수 있는 시간의 양'과 '레크리에이션'에 대한 만족이 행복을 각기 9%, 7%씩 설명하고 있어서 여가 활동과 이에 대한 만족이 행복에 중요한 요인임을 시사하고 있다. 한편, '자연환경'에 대한 만족은 행복을 5%밖에 설명하지 못하고 있어서 우리가 생각하는 것과는 달리 각종 대기, 토양, 수질 오염 등이 우리의 행복에는 별 영향을 미치지 못하는 것으로 나타났다. 즉, 좋은 날씨와 오염 없는 환경이 우리 행복감에 별로 영향을 주지 못하는 것이다. '건강' 차원은 생각보다는 높은 설명력을 가진 것으로 나타난(6%) 반면, '친구'는 기대와는 달리 낮은 영향을 주었다(3%). 재미있는 사실은 '기후'가 친구 이상으로 행복에 영향을 준다는 사실이다.

그러나 〈표 6〉의 결과는 어디까지나 미국인의 생각과 태도를 나타낸 것이다. 한국에서는 '자연환경' '친구'가 미국인의 경우보다 행복에 더 큰 영향을 미치는 것으로 나타날 수 있다. 그 이유는 한국은 전통적으로 우정을 중시하는 집단주의 풍토를 가지고 있기 때문이다. 또 현재 심각한 공해에 시달리는 한국인들이 미국인보다 이의 심각성을 더 실감할 수도 있기 때문이다.

행복의 설계

앞에서 행복에 영향을 주는 여러 가지 요인을 살펴보았다. 중요한 요인을 살펴보면 그것은 자기효능감, 가정생활, 직장생활, 경제적 수준 등이다. 그런데 이런 중요한 요인은 우리가 1~2년 노력해서 얻어지는 것이 아니다. 장기간에 걸친 계획과 노력 끝에 얻어진다. 예컨대, 자기효능감은 자신이 능력 있는 사람이라고 느끼는 것이다. 자기효능감을 가지려면 우리는 자신이 하는 일에서 어느 정도 성공을 거두어야 한다. 이는 가정생활과 직장생활에서도 마찬가지다. 우리가 행복한 결혼생활을 누리려면 젊었을 때 자신에게 어울리는 배우자가 어떤 종류의 사람인가에 대해 심각하게 생각해 보고 또 연애도 해야 한다. 이는 직업생활도 마찬가지다. 대학교를 졸업하자마자 덮어놓고 직장에 취직해서는 직업에서 만족하기가 어렵다. 미리 자신의 적성이 어디에 있는가를 알아보고 직업세계에 대한 분석을 한 후 배우자를 고르듯 직장을 아주 신중하게 선택해야 한다.

이렇게 행복에 영향을 주는 여러 가지 요인은 어렸을 때부터 미리 준비하고 대비해야 한다. 에릭슨은 인간의 발달은 어렸을 때부터 죽을 때까지 이루어진다고 주장했다. 그는 인간이 태어나 8개의 단계를 거쳐 발달한다고 주장했다. 이 각 단계마다 우리가 추구해야 할 과업이 있는데 이 과업 성취에 성공한 사람은 행복한 반면, 이 과업 성취에 실패한 사람은 불행하다고 주장했다. 이를 토대로 저자는 『당신의 행복을 설계해 드립니다』(2006)라는 책을 출간한 바 있다. 저자는 이 책에서 에릭슨의 8단계설과 앤드류와 위시의 생활 만족도 조사 연구를 토대로 각 연령대에서 우리가 추구해야 할 과제를 일곱 가지씩 선정했다. 연령 단계를 다섯 단계로 나누고 각 연령 단계마다 일곱 가지 과제를 선정한 것이다. 이 내용을 간단하게 살펴보고자 한다.

10대의 행복 설계　10대에는 아동기, 사춘기(11~13세) 그리고 청소년 전기(12~19세)가 모두 포함된다. 이 시기에 성취해야 할 과제는 다음 일곱 가지다.

① 공부를 잘한다. ② 왕따를 당하지 않는다. ③ 예술과 체육 영역에서 각 한 가지 이상을 숙달한다. ④ 자아정체성을 확립한다. ⑤ 진로를 선택한다. ⑥ 친구를 많이 사귄다. ⑦ 멘터를 정한다.

여기서 ④번의 자아정체성의 확립이란 자신의 성격이 어떻고 자신의 적성이 어디에 있는가, 앞으로 어떤 일을 하면서 일생을 보낼 것인가 등을 인식하는 것이다. ⑦번의 멘터는 앞으로 자신의 정신적

지주가 될 사람을 마음속에 그려 넣는 것을 말한다. 부모 또는 형이 자신의 멘터가 될 수 있다. 또는 훌륭한 학교 선생님이나 위인 등도 멘터로 삼을 수도 있다. 멘터를 정해 두면 자신이 지금 무엇을 해야 할지 또는 자신이 하고자 하는 일을 잘하고 있는지에 대한 판단을 내릴 수 있다. 이를 멘터가 해 줄 수도 있고, 멘터가 나의 연령대에 무엇을 했는가를 검토하여 스스로 판단할 수 있다.

20대의 행복 설계 20대란 숫자 그대로 20세부터 29세까지를 말한다. 20대가 성취해야 할 일곱 가지 과제는 다음과 같다.

① 공부를 열심히 한다. ② 많은 잡기를 배운다. ③ 사랑을 해 본다. ④ 재테크를 익힌다. ⑤ 적합한 직장을 선택한다. ⑥ 아이를 키워 본다. ⑦ 결혼을 하되 이혼할 경우 빨리 한다.

20대도 아직 학교를 다닐 때이므로 공부를 열심히 하는 것을 제1 과제로 꼽았다. ④번의 재테크를 해 보라는 뜻은 경제에 대해 미리 공부할 필요가 있다는 것이다. 집 장만하기가 어려운 우리나라에서는 청년들이 경제 지식이 풍부해야 하고 가능하다면 이때부터 재산을 모으는 방법을 연구하고 이를 실천해야 한다. 늦게 시작하면 그만큼 부의 축적이 어려워진다.

30대의 행복설계 30대란 30세부터 39세까지를 말한다. 성인기로서 지적·정서적 능력이 제일 왕성할 때다. 30대가 성취해야 할 과제는 다음과 같다.

① 훌륭한 부모가 된다. ② 부부싸움을 현명하게 한다. ③ 직장에서 성공한다. ④ 담배를 끊는다. ⑤ 동기 간의 우의를 다진다. ⑥ 정신건강을 확인한다. ⑦ 후회 없는 결정을 한다.

30대가 해야 할 일 중 ⑦번에 후회가 없는 결정을 하자는 이야기는 다음과 같다. 우리는 10대와 20대에 여러 가지 중요한 결정을 한다. 10대에 자아정체성을 확립하고 진로를 선택하며, 20대에는 직장을 선택하고 결혼을 해야 한다. 그런데 이런 선택이 잘못된 경우가 있다. 예컨대, 직장이 적성에 맞지 않고 부부 간에 성격이 맞지 않을 수 있다. 그런 경우 결단을 내려야 한다. 미적미적하다가 시기를 놓칠 수 있다. 따라서 30대에 결단을 내려야 한다.

장년기의 행복설계 여기서 말하는 장년기란 40대와 50대를 말한다. 장년기에 성취해야 할 과제는 다음과 같다.

① 훌륭한 부모가 된다. ② 여성의 갱년기를 극복한다. ③ 남성

의 위기를 극복한다. ④ 분갈이를 할 수 있으면 한다. ⑤ 적을 만들지 않는다. ⑥ 결혼권태기에서 벗어난다. ⑦ 은퇴 후 생활에 적응한다.

30대의 부모는 어린아이나 초등학생을 가진 부모다. 그런 나이의 자녀를 가진 부모가 할 일은 자식에게 사랑을 골고루 나누어 주고 관심을 갖는 것이다. 장년기의 부모는 대개 사춘기의 자녀나 20대의 자녀를 갖게 되는데 이들에게 훌륭한 부모가 되는 길은 30대 부모와는 전혀 다르다. 자녀에게 자율권을 주고 자녀의 진로를 선택하는 데 멘터 역할을 해야 한다. 자녀와의 관계에 금이 가면 그것이 평생 지속되기 쉬우므로 훌륭한 부모가 되는 방법을 열심히 공부해야 한다. ④번의 분갈이를 할 수 있으면 하라는 이야기는 직장이 마음에 들지 않으면 더 늦기 전에 바꾸어야 한다는 뜻이다.

노년기의 행복설계　노년기는 대체로 65세 이후를 말한다. 노년기에 성취해야 할 과제는 다음과 같다.

① 새로운 배움을 시작한다. ② 매년 정기 건강검진을 받는다. ③ 장수의 비결을 새겨 둔다. ④ 훌륭한 부모가 된다. ⑤ 봉사활동의 기쁨을 안다. ⑥ 새로운 행복관을 찾아본다. ⑦ 영광스러운 죽

음을 설계한다.

노년기라고 해서 새로운 것을 배울 수 없는 것은 아니다. 지금 컴퓨터를 사용하지 못하는 사람은 바로 컴퓨터를 배우자. 컴퓨터를 배우면 인생이 달라지기 때문이다. ⑦번의 영광스러운 죽음을 설계하자는 것은 사실 쉽지가 않다. 이런 죽음이란 자기가 지금까지 살아온 인생에 대해서 만족할 때만 갖게 되는 것이다. 영광스러운 죽음이란 죽음이 두렵지 않고 이를 평안하게 맞이할 수 있는 죽음이다. 그런데 많은 사람들이 자기 인생이 실패로 끝났다고 생각하여 미련이 많다. 이제 와서 그 미련을 만회해 보려 발버둥치면 더더욱 불행해진다. 따라서 영광스러운 죽음을 맞이한다는 것은 앞서 언급한 각 연령대별로 성취해야 할 과제를 모두 성취한 사람만이 가질 수 있다. 그래서 우리가 늙어서 행복하려면 일찍부터 행복하기 위한 계획을 잘 세우고 이를 실천해야 한다. 이것이 저자의 주장이고 에릭슨의 이론도 이를 뒷받침하고 있다.

******

행복은 주관적인 것이어서 개인의 가치관, 인생관, 생활태도의 영향을 받는다. 사회비교를 누구와 하느냐 하는 것도 행복을 결정한다. 행복에 영향을 주는 여러 가지 요소, 건강, 경제력, 낙천적 성격에 관해 고찰했다. 또 미국인을 대상으로 한 생활 만족도에 영향을 주는 서른 가지의 요인을 살펴보았다. 미국의 경우, 자기효능감, 가정생활에 대한 만족, 여가에 대한 만족, 주택 소유 만족 등이 행복을 결정하는 중요한 요인으로 밝혀졌다.

저자는 행복이란 것이 하루 아침에 쟁취할 수는 없고, 어려서부터 행복을 가져다주는 과업을 달성하기 위해 미리 계획하고 노력해야 한다고 생각한다. 이를 위해 더 구체적으로 인생을 다섯 단계로 나누고 각 단계마다 달성해야 할 목표 일곱 가지를 선정해 보았다. 행복하기 위해 일찍부터 노력하는 것, 앞으로 나아가기 위해 노력하는 것이 필요함을 잊어서는 안 된다.

참고문헌

김대식(2007). 감성제품개발론. 서울: 형설출판사.

박선이(2008. 10. 24.). [전문가 칼럼] 부끄러움은 힘이다. 조선일보, p. A30.

이명신, 이훈구(1997). 주거형태와 주관적 삶의 질. 한국리서치: 사회문제.
　　　제3권 제1호.

이수정(1997). 그림과 함께 보는 EQ 바로 알기. 서울: 통인.

이순요, 長田丁三生(1996). 감성인간공학. 서울: 양영각.

이훈구(1985). 산업심리학. 서울: 법문사.

이훈구(1997). 사회심리학. 서울: 법문사.

이훈구(2002). 미안하다고 말하기가 그렇게 어려웠나요. 서울: 이야기 출판사.

이훈구(2004). 약발 다한 노의 눈물.... "국민은 남몰래 흐르는 눈물" 원한다.
　　　신동아, 2004년 2월호.

이훈구(2005). 대학이 변하고 있다. 서울: 법문사.

이훈구(2006). 당신의 행복을 설계해 드립니다. 서울: 법문사.

이훈구(2008). 의욕의 심리학. 서울: 21세기북스.

이훈구, 이수정, 이은정, 박수애(2002). 정서심리학. 서울: 법문사.

전겸구(2007). 똑똑하게 화를 다스리는 법. 서울: 21세기북스.

Andrew, F. M., & Withey, S. (1973). Developing measures of perceived life quality: Results from several national survey. *Social Indicators Research, 1*, 1-26.

Brickman, P., Coates, E., & Janoff-Bulman, R. J. (1978). Lottery winners and accident victims; Is happiness relative? *Journal of Personality and Social Psychology, 36*, 917-927.

Bandura, A., Ross. E., & Ross, S. A. (1963). Imitation of film-mediated aggressive models. *Journal of Abnormal and Social Psychology, 66*, 3-11.

Doh, C. Shin., Chung Si Ahn., Kyung Dong Kim., Hong Koo Lee.(1981). The Environment Effects on Perception of Life Quality of Korean. *Social Indicator Research, 12*, 393-416

Donnerstein, E., & Hallam, J. (1978). Faciliating effects of erotica on aggression against Women. *Journal of Personality and Social Psycholosy, 36*, 1270-1277.

Ekman, P. (2006). 얼굴의 심리학(이민아 역). 서울: 바다출판사. (원저 1982년 출판)

Eun Rhee., Uleman, J., & Hoonkoo Lee. (1996). Variation in Collectivism and Individualism by Ingroup and Culture: Confirmatory Factor Analysis. *Journal of Personality and Social Psychology. Vol. 71*. No. 5, 1037-1054.

Goleman, D. (1995). *Emotional Intelligence.* New York: Bantam

Books.

Goleman, D. (2002) *Primal leadership: Realizing the Power of Emotional Intelligence*. Boston MA: Harvard University Press.

Harlow, H. F., & Suomi, S. J. (1970). Nature of love-simplified. *American Psychologist, 25,* 161-168.

Higgins, E. T. (1989) Knowledge accessibility and activation: Subjectivity and suffering from unconscious sources. In J. Uleman, & J. Bargh (Eds.), *Uninteded Thought.* The Guilford Press: New York.

Johnson, D. J., & Rusbult, C. E. (1989). Mitigating circumstance information, censure, and aggression. *Journal personality and social psychology, 50,* 537-542.

Josephson, W. D. (1987). Television violence and children's aggression; Testing the priming, social script, and disinhibition prediction. *Journal of Personality and Social Psychology, 53,* 882-890.

Laski, M. (1962). *Ecstasy; A study of some secular and religious experiences.* Bloomingston, IN: Indiana University Press.

Malamuth, N. M., Check. J., & Briere, J. (1986). Sexual arousal in response to aggression; Ideological, aggressive, and sexual correlates. *Journal of Personality and Social Psychology, 50,* 330-350.

Robinson, J. P., & Shaver, P. R. (1969). *Measures of Social Psychology attitudes.* Ann Arber. MI: The University of Michigan. ISR.

Schutte, N. S., Malouff, J. M., Post-Gorden, J. G., & Rodasts, A. L.

(1988). Effect of playing video game on children's aggressive and othe behavior. *Journal of Applied social psychology, 18*, 454-460.

Seligman, M. E. (1983). 무기력의 심리학(윤진, 조금호 공역). 서울: 탐구당. (원저 1983년 출판)

Solomon, R. L. (1980). The opponent-process theory of acquired motivation: The costs of pleasure and the benefit of pain. *American psychologist, 35*, 691-712.

Storm, C., & Storm, T. (1987). A taxanomic study of vacabulary of emotions. *Jounal of Personality & Social psychology, 53*, 805-816

Suomi, S, J. (1977). Peers, play, and primary prevention in primates. *In Proceedings of the Third Vermont Conference on the Primary Prevention of Psychopathology: Promoting Social Competence and Coping in Children.* Hanover, N.H: University Press of England.

Zillman, D., & Cantor, J. R. (1976). Effects of timing of information about mitigating circumstances on emotional responses to provacation and retaliatory behavior. *Journal of Experimental Social Psychology, 12*, 38-55.

저자 소개

이훈구
서울대학교 심리학과 및 동 대학교 대학원 졸업
미국 하와이주립대학교 대학원 졸업(심리학박사)
미국 뉴욕대학교, 독일 괴테대학교, 베를린대학교 교환교수
전 연세대학교 심리학과 교수
   한국심리학회 회장
   법심리학회 회장
현 연세대학교 심리학과 퇴임교수
   바른 사회 시민회의 복지사회운동본부장

주요 저서
산업심리학(법문사, 1985)
사회를 읽는 심리학(학지사, 1997)
사회문제와 심리학(법문사, 2000)
미안하다고 말하기가 그렇게 어려웠나요(이야기출판사, 2001)
심리학자 이훈구 교수의 교실이야기 1, 2(법문사, 2001)
사회심리학(법문사, 2002)
가난의 대물림을 어떻게 예방할 것인가(법문사, 2005)
대학이 변하고 있다(법문사, 2005)
이훈구 교수의 심리학 이야기(법문사, 2005)
정서심리학(공저, 법문사, 2005)
당신의 행복을 설계해 드립니다(법문사, 2006)
자서전적 심리학(법문사, 2006)
신념의 심리학(학지사, 2007)
의욕의 심리학(21세기북스, 2008)

감정심리학

2010년 1월 25일 1판 1쇄 발행
2014년 2월 25일 1판 2쇄 발행

지은이 • 이훈구
펴낸이 • 김진환
펴낸곳 • (주) **학지사** [INNER BOOKS] 이너북스

　　　　121-837 서울시 마포구 서교동 352-29 마인드월드빌딩 5층
대표전화 • 02-330-5114　　팩스 • 02-324-2345
등록번호 • 제2006년 11월 13일 제313-2006-000238호

홈페이지 • http://www.innerbooks.co.kr

ISBN 978-89-92654-21-0　03180

정가 12,000원

※ 이너북스는 학지사의 자매회사입니다.